D1941924

Schriftenreihe

POETICA

Schriften zur Literaturwissenschaft

Band 169

ISSN 1435-6554 (Print)

Verlag Dr. Kovač

Friedrich Blocher

Beiträge zu Wesen und geschichtlichem Wandel der Schönen Literatur

Verlag Dr. Kovač

Hamburg
2022

VERLAG DR. KOVAČ GMBH
FACHVERLAG FÜR WISSENSCHAFTLICHE LITERATUR

Leverkusenstr. 13 · 22761 Hamburg · Tel. 040 - 39 88 80-0 · Fax 040 - 39 88 80-55

E-Mail info@verlagdrkovac.de · Internet www.verlagdrkovac.de

Bibliografische Information der Deutschen Nationalbibliothek
Die Deutsche Nationalbibliothek verzeichnet diese Publikation
in der Deutschen Nationalbibliografie;
detaillierte bibliografische Daten sind im Internet
über http://dnb.d-nb.de abrufbar.

ISSN: 1435-6554 (Print)

ISBN: 978-3-339-12882-9
eISBN: 978-3-339-12883-6

Layout: Verlagsservice Monika Rohde, Leipzig

© VERLAG DR. KOVAč GmbH, Hamburg 2022

Printed in Germany
Alle Rechte vorbehalten. Nachdruck, fotomechanische Wiedergabe, Aufnahme in Online-Dienste und Internet sowie Vervielfältigung auf Datenträgern wie CD-ROM etc. nur nach schriftlicher Zustimmung des Verlages.

Gedruckt auf holz-, chlor- und säurefreiem, alterungsbeständigem Papier. Archivbeständig nach ANSI 3948 und ISO 9706.

Inhalt

Teil I
Über das Verhältnis von Wahrheit und Schönheit in der Dichtung

Teil II
Das lyrische Gedicht in der Formengeschichte der deutschen Literatur

Teil I

Über das Verhältnis von Wahrheit und Schönheit in der Dichtung

Das Problem

Ich gehe von persönlichen Erfahrungen im Oberstufenunterricht des Gymnasiums aus. Mit den Schülern las und besprach ich Goethes „Urfaust“; ihrem Alter und ihrer Entwicklung entsprechend interessierten sie sich fast ausschließlich für das Verhalten und die Einstellung von Faust und Gretchen. Im Studium an der Universität erlebte ich Ähnliches: in den meisten Vorlesungen ging es darum, den Wahrheitsgehalt der Dichtungen herauszuarbeiten, was ja seine Berechtigung hat, aber meinem Verlangen nicht genügte.

Ich nenne ein herausragendes Beispiel aus der Literaturwissenschaft: H.A. Korffs „Geist der Goethezeit“, ein monumentales vierbändiges Werk, das zwischen 1914 und 1954 geschrieben wurde und in dem es um die Wahrheit der Dichtungen einer ganzen Epoche ging (auch um die Wahrheit ihrer Schönheit!). Die dichterische Qualität der besprochenen Werke mußte dabei notwendigerweise zu kurz kommen, wie man etwa an Korffs Ausführungen zu Goethes „Hermann und Dorothea“ zeigen könnte.

Damit bin ich bei meinem Thema, dem Verhältnis von Wahrheit und Schönheit in einer Dichtung. Goethe ging es in seiner Autobiographie „Dichtung und Wahrheit“, die er ursprünglich „Wahrheit und Dichtung“ nannte, auch um diese Frage.

Im fünften und sechsten Buch schildert er seine Jugendliebe zu Gretchen, wobei dem kundigen Leser sofort die Ähnlichkeit mit dem Gretchen in „Faust“ einfällt. Erinnert sei an die rührende Stelle, als der junge Liebhaber der Biographie morgens in den Sonntagsgottesdienst geht, nur um das Mädchen dort zu sehen und sie womöglich nach der Kirche anzusprechen.

Die Begegnung zwischen beiden endet schließlich aber sehr enttäuschend, um nicht zu sagen traurig – ähnlich und doch wieder ganz anders, als in der Faust-Dichtung. Über das Verhältnis beider Texte hat Goethe sich mehrmals sehr erhellend ausgesprochen: das Erlebte ist wichtig als Anlaß für seine Dichtung. So formulierte er am 14. März 1830 gegenüber Eckermann: „Was ich nicht lebte und was mir nicht auf den Nägeln brannte und zu schaffen machte, habe ich auch nicht gedichtet.“ Dichtung als Ausdruck für ein existentielles Erlebnis, so würden wir heute sagen.

Aber Goethe warnt an anderer Stelle (27.12. 1826 zu Eckermann) auch sehr eindrücklich davor, das Erlebte mit der Dichtung gleichzusetzen: „Man will Wahrheit, man will Wirklichkeit und verdirbt damit die Poesie.“ Poesie hätte also noch eine andere Qualität als die Wahrheit; Wahrheit gehört zu ihr, aber es wäre ein Kurzschluß, sie für das Eigentliche der Dichtung zu halten. Man darf Goethes „Wahrheit“ nun allerdings auch nicht im Sinne der philosophischen Wissenschaft verstehen; Wahrheit bei Goethe heißt mehr das, was man mit seinen Sinnen „gewahr“ wird und ist damit näher bei dem zweiten Wort des Zitats: Wirklichkeit. So auch in seinem Gedicht „Zueignung“, das er nicht zufällig an die Spitze seiner Ausgabe letzter Hand setzte: in ihm begegnet dem Dichter über seinem Haus an der Ilm, wo die Sonne gerade durch den Morgennebel bricht, eine mythische Frauengestalt, die ihm die schönen Worte sagt:

„Empfange hier...
Aus Morgenduft gewebt und Sonnenklarheit
Der Dichtung Schleier aus der Hand der [Wahrheit“

Auch hier wieder die beiden Begriffe: die Wahrheit ist die Gebende; was sie gibt, ist die wie in einen Schleier schön verhüllte Dichtung. In der Erscheinung sind beide eins. Für die Interpretation einer Dichtung heißt dies: man kann das eine nicht ohne das andere darlegen. Man soll die Wahrheit an der Schönheit aufzeigen und die Schönheit an der Wahrheit, und beide bedienen sich der Sprache.

Die Sprache der Wahrheit ist aber in der Dichtung nichts Abstraktes, sie spricht im Greifbaren, in Personen und Dingen und ihrem Verbund, in ihren Handlungen und Affekten, in der Ausstrahlung der Dinge auf uns. Philosophisches spielt in der Dichtung auch eine Rolle, ist aber dem Körperlichen und Plastischen untergeordnet. Das Ganze des Werks drückt eine Erfahrung oder ein Ideal aus, denen das Sinnenhafte anhaftet (Ideal: abgeleitet von griechisch *eidos*, das Bild).

In der Dichtung spielt nun aber auch eine große Rolle, was nichts mit der Wirklichkeit, eher mit höherer Wahrheit zu tun hat: Phantasie, die dem Leser als innere Wirklichkeit vorgespiegelt wird. Mit ihr kann der Dichter Dinge und Handlungen miteinander verbinden, die in seinem Gewahren und Erleben gar nicht vorkamen; mit ihrer Hilfe schafft er das Werk, das ihm vorschwebt. Nehmen wir noch einmal Gretchen als Beispiel: Während die Beziehung zu dem jungen Liebhaber Goethe – man möchte fast sagen: banal wie tausend andere endet („sie habe ihn immer als Kind betrachtet und ihre Liebe zu ihm sei mehr schwesterlich gewesen"), wird im Stück daraus eine echte Tragödie: Gretchen liebt Faust, bekommt ein Kind von ihm, ertränkt es und wird öffentlich hingerichtet (wozu Goethe durch den Prozeß gegen eine Frankfurter Kindsmörderin inspiriert wurde).

Die Sprache der Dichtung erleben wir dann in dem großartigen letzten Monolog Fausts, wo er seine Schuld ebenso wie die Unschuld Gretchens vor allem in dem Phantasiebild einer Gerölllawine in den Alpen zum Ausdruck bringt:

> Ha! Bin ich nicht der Flüchtling, Unbehauste,
> Der Unmensch ohne Zweck und Ruh,
> Der wie ein Wassersturz von Fels zu Fels
> [brauste,
> Begierig nach dem Abgrund zu?
> Und seitwärts sie mit kindlich dumpfen Sinnen
> Im Hüttchen auf dem kleinen Alpenfeld,
> Und all ihr häusliches Beginnen
> Umfangen in der kleinen Welt.
> Und ich, der Gottverhaßte

Hatte nicht genug,
Daß ich in die Felsen faßte
Und sie zu Trümmern schlug!
Sie, ihren Frieden mußt ich untergraben!
Du Hölle wolltest dieses Opfer haben!
Hilf, Teufel, mir die Zeit der Angst verkürzen,
Mags schnell geschehn, was muß geschehn!
Mag ihr Geschick auf mich zusammenstürzen
Und sie mir mir zu Grunde gehen!

So erschütternd wahr diese Selbstanklage Fausts auf uns wirkt, sie *schön* im Sinne unseres Themas zu nennen, fällt schwer. Das Wort paßt nicht, weshalb Schiller es im 14. seiner Ästhetischen Briefe korrigiert, indem er als Dramatiker von „energischer Schönheit“ spricht. Besser fahren wir, wenn wir es durch Kunst ersetzen. Wir sind sofort einverstanden, wenn wir von dem Monolog sagen, seine Sprache sei sehr gekonnt (sprachlich abgeleitet von können, kennen).

Schiller hält aber in seinen poetologischen Untersuchungen an dem Begriff Schönheit fest und stellt ihn wie Kant in seiner Kritik der Vernunft dem Begriff der Wahrheit gegenüber. Beide sind für ihn gleichwertig; so fordert er: „Die Schönheit muß auf ebenso festen Fundamenten ruhen wie die Wahrheit“ (im Brief vom 9.2.1793 an seinen Gönner, den Prinzen von Schleswig-Holstein-Augustenburg).

Doch kehren wir zuerst noch einmal zum Wahrheitsbegriff zurück.

Die drei Modi der Wahrheit

In Bezug auf Dichtung können wir im Sinne von Emil Staigers „Grundbegriffe der Poetik" (1946) von einer dreifachen Wahrheit sprechen: der gefühlten, der geschauten und der fordernden Wahrheit.

Die gefühlte Wahrheit spüren wir, wenn wir uns wie die Mystiker in unser Inneres versenken, sie setzt Stille voraus und beglückt uns als Eingebung; äußern wir sie, so ist sie nur für einen kleinen gleichgestimmten Kreis bestimmt.

Die geschaute Wahrheit begegnet uns in der Fülle ihrer Erscheinungen, die ein Bild der Welt ergeben; wenn wir zurück- oder vorwärtsschauen, finden sich neue Bilder, welche unsere Welt noch reicher machen und uns staunen lassen. In der *fordernden Wahrheit* schließlich geht es nicht um das Wirkliche, sondern um das, was sein soll; sie kann sich uns in den Weg stellen und schafft Konflikte, die wir überwinden sollen.

Die drei sprachlichen Gestaltungen der Dichtung

Entsprechend den drei Modi der Dichtung können wir von lyrischer, erzählender und dramatischer Sprachkunst sprechen.

Lyrik hat schon vom Wort her mit Musik zu tun; auch spricht man von Musik der Worte und von Strophen, die oft aus schlichten Kreuzreimen (a b a b) bestehen. Eichendorffs Verse als Musterbeispiel: Die Sprache ist einfach, aus kurzen Sätzen, meist im Präsens.

Die Gegenwartslyrik braucht weder Verse noch Reime, gliedert nach Satzteilen und sogar einzelnen wichtigen Worten und kann im Understatement das Gefühl ansprechen.

Erzählende Dichtung zeichnet sich durch einen Reichtum an Worten und Wortarten aus, schildert in Bereichen der Wirklichkeit und der Phantasie. Großes Vorbild in der Weltliteratur ist Homer mit seinen Epen Ilias und Odyssee, geschrieben in sechshebigen Langversen (Hexametern), in die in der Regel ganze Sätze hineinpassen. Natürlich spielen in größeren Erzählungen/Epen – etwa Gottfried Kellers Roman „Der grüne Heinrich“ – auch Tropen und Figuren eine schmückende Rolle.

In der **dramatischen Dichtung** wird durch Personen, die im Gegensatz zueinander stehen, eine *Handlung* vorangetrieben (Bedeutung des Worts im griechischen). Die Sprache ist an entscheidenden Stellen pathetisch erregt, was sich in Ausrufen und einem starken Rhythmus der Rede zeigt. Häufige Figuren sind Gegensatz (Antithese), Steigerung, Klimax.

Im klassischen fünfaktigen Drama folgt auf die Vorbereitung der ersten beiden Akte (Exposition) Höhepunkt und Umschlag (Peripetie) im dritten Akt, worauf in den letzten beiden Akten als Folgen des Konflikts Niedergang, Verfall, Tod stehen: symmetrische Darstellung. Siehe vor allem die Dramen Friedrich Schillers.

Interpretationen als Bespiele in der lyrischen Dichtung

Rainer Maria Rilke

Herbsttag

Herr: es ist Zeit. Der Sommer war sehr groß.
Leg deinen Schatten auf die Sonnenuhren,
und auf den Fluren laß die Winde los.

Befiehl den letzten Früchten voll zu sein;
gib ihnen noch zwei südlichere Tage,
dränge sie zur Vollendung hin und jage
die letzte Süße in den schweren Wein.

Wer jetzt kein Haus hat, baut sich keines mehr.
Wer jetzt allein ist, wird es lange bleiben,
wird wachen, lesen, lange Briefe schreiben
und wird in den Alleen hin und her
unruhig wandern, wenn die Blätter treiben.

Die besondere Schönheit eines späten Herbsttages wird besungen – zuerst. In dem Orgelton volltönender Vokale, dem gemessenen Metrum der fünfhebigen Jamben, in den von Reimen, Binnen- und Stabreim durchflochtenen Versen am Ende und in den Zeilen.

In der letzten Strophe, einen Vers länger, dann der Reflex auf den Menschen, auf das Geworfen- und Alleinsein des Dichters: „wird wachen, lesen, lange Briefe schreiben“. Der Philosoph Heidegger, eine halbe Generation jünger als Rilke, sprach in seinem Werk einmal von der „Unbehaustheit“ des Menschen. Das traf auf Rilke zu, der ein unstetes Leben an den verschiedensten Orten Europas führte. In dem Schlußvers das beunruhigende, ja bedrohliche Gefühl im Bild des im Herbststurm Hin- und Herwandernden, „wenn die Blätter treiben.“

Vergessen wir darüber aber nicht den Anruf Gottes: „Herr“, mit dem das Gedicht beginnt. Er ist es, der alles bestimmt, wie die Taktumstellung im jambischen Metrum, aber auch die Imperative an den Versanfängen („leg, laß, befiehl, gib, dränge) hervorheben. Ihm können wir auch unser Schicksal anvertrauen.

Hilde Domin

Köln

Die versunkene Stadt
für mich
allein
versunken.

Ich schwimme
in diesen Straßen.
Andere gehn.

Die alten Häuser
haben neue große Türen
aus Glas.

Die Toten und ich
wir schwimmen
durch die neuen Türen
unserer alten Häuser.

Ganz anders als Rilkes „Herbsttag" das Gedicht von Hilde Domin, erschienen 1964. Keine Spur mehr von einem Metrum, von Vers und Reim. Strophen sollten eigentlich gleich lang sein; reden wir lieber von vier Teilen (die immerhin spiegelbildlich sind: die beiden äußeren vier-, die inneren dreizeilig). Aufgegliedert sind sie einfach nach Satzteilen und ihren Begleitern: Subjekt- und Prädikatsgruppen, attributiven oder adverbialen Bestimmungen; einmal sogar nur aus dem einzigen Wort „allein“ bestehend. Die Aussagen sind prägnant und wir spüren Gefühl in ihnen. Ein lyrisches Gedicht also.

Ein zentrales Wort ist „schwimm, schwimmen“, das zweimal vorkommt, in Teil 2 und 4, und zwar in übertragener Bedeutung: während die Leute, die in der Stadt unterwegs sind, gehen, schwimmen „die Toten und ich“. Dazu kommt, daß die „alten Häuser“ jetzt *„neue* Türen“, „neue, *große* Türen | aus Glas“ haben (Teile 3 und 4), durch welche „die Toten und ich schwimmen.“

Was dies bedeutet, kann aus der Biographie der Dichterin wie aus der Geschichte ihrer Zeit entnommen werden.

Hilde Domin (1909–2006) sah sich als deutsche Jüdin 1932, also mit 23 Jahren, genötigt, wegen der immer stärkeren Antisemitismuspropaganda Hitlers zu emigrieren. Ihre Heimat war Köln. Später schrieb sie dann: „Irgendwann war ich zuhause und auch gut zuhause. Davon lebe ich das Leben lang. Das war in Köln, in der Riehler Straße. Dort haben mich meine Eltern mit dem Vertrauen versorgt, dem

Urvertrauen, das unzerstörbar scheint." Im Ausland arbeitete sie als Lehrerin und Lektorin in verschiedenen Ländern, länger auf der Insel Santo Domingo in der Karibik, deren Namen sie annahm. Erst 1954, nach dem Zweiten Weltkrieg und den Nachkriegswirren, kehrte sie nach Deutschland zurück.

Weiß man dies, wird unser Gedicht ein Stück weit verständlich. Damit ist aber nichts über seine dichterische Qualität gesagt. Betrachten wir noch einmal die „versunkene Stadt" und die Wiederholung „für mich | allein | versunken" in Teil 1: das Wort ist doppeldeutig, es spielt, ebenso wie „die neuen Türen | aus Glas" (Teil 4) an auf die Zerstörung ihrer Heimatstadt Köln als Folge des von Hitler vom Zaun gebrochenen Krieges und der verheerenden alliierten Luftangriffe; aber auch auf die heimgekehrte Dichterin, die sich unter den vielen jetzt lebenden Passanten („andere gehen") „allein" fühlt.

Genau daraus ergibt sich auch die allegorische Bedeutung des leitmotivischen „ich schwimme", „die Toten und ich | wir schwimmen"; prägnantester Ausdruck für den Seelenzustand des Ich, das nach so vielen Jahren wieder in das Elternhaus, die Kindheit, die Heimat gleichsam schwimmend, ohne Widerstand der geschlossenen Glastüren, hineingetragen wird, zusammen mit den jetzt nicht mehr Lebenden, seien es die verstorbenen Eltern oder die vielen schrecklichen Opfer des Krieges.

Wolfgang Borchert
Die drei dunklen Könige

Eigentlich ist es ja eine klassische Geschichte: mit Nennung von Ort (einer Vorstadt) und Zeit (in der Nacht), einer Handlung mit zwei Personengruppen (Mann, Frau, neugeborenes Kind und drei Soldaten) und alles der Reihe nach erzählt. Für mich, den Interpreten, ist sie als moderne Kurzgeschichte durch die vorherrschende Atmosphäre und Stimmung aber zur lyrischen Dichtung gehörend.

„Die Häuser standen abgebrochen gegen den Himmel", heißt es im einleitenden zweiten Satz. Abgebrochen? Mit diesem einen Wort wird der Zustand der Großstädte nach den zahlreichen Luftangriffen im Zweiten Weltkrieg angedeutet. Dann das öfters wiederkehrende „dunkel", nicht nur weil es Nacht war und der Mond fehlte. Die Beleuchtung der Straßen und der kaum noch vorhandenen Häuser gab es nicht mehr; auch weil da niemand mehr wohnte oder in den Kellern umgekommen war. Das einzige Licht in dem Raum, in welchem der Mann und die Frau mit ihrem gerade zur Welt gekommenen Kind hausen, kam aus dem „kleinen Blechofen" – vorausgesetzt, der Mann hatte noch brauchbares Holz zum Verfeuern in den Trümmern der Vorstadt gefunden. Das Ganze im Winter: „Ihr Atem hing weiß im Zimmer, so kalt war es."

Passend dazu die drei „Besucher", die im zweiten Teil der Geschichte auftauchen, „in drei alten Uniformen", Soldaten also, die offenbar aus der Gefangenschaft nach dem Krieg zurückgekehrt waren, armselig und zum Erbarmen: „Einer hatte einen Pappkarton, einer einen Sack. Und der dritte hatte keine Hände.„Erfroren", sagte er und hielt die Stümpfe hoch – offenbar in den grausam kalten russischen Wintern. Hinter jeder dieser Aussagen stehen schreckliche Kriegserlebnisse. Kein Wunder auch, daß man nicht viele Worte macht: das Erlebte hat einem die Sprache verschlagen.

Satzbrocken mehr als Sätze; auch der Mann und die Frau reden so, und der Erzähler. Borchert selbst hatte das Schicksal der drei Soldaten erlitten, war wegen systemkritischer Aussagen zum Tode verurteilt, dann aber wegen seines jugendlichen Alters zur Bewährung wieder an die russische Front geschickt worden.

Die Soldaten sehen auf der Straße das Licht aus dem Blechofen und kommen herein, um sich ein paar Minuten auszuruhen. Als sie den Säugling liegen sehen, sind sie gerührt. „Der Zitternde nahm aus seinem Karton zwei gelbe Bonbons und sagte dazu: Für die Frau sind die.“ Von dem zweiten hatte es geheißen: „Er nahm ein Stück Holz aus seinem Sack. Ein Esel, sagte er, er habe sieben Monate daran geschnitzt. Für das Kind.“ Aber auch der Mann ging nicht leer aus: mit ihm rauchten die drei eine Zigarette vor der Tür.

Spätestens jetzt merken wir die Absicht des Erzählers, auf die schon in der Überschrift hingedeutet wurde: Erinnern die drei Soldaten mit ihren Geschenken nicht an die drei Weisen aus dem Morgenland, die gekommen sind, um das göttliche Kind anzubeten und zu beschenken? Von seinem winzig kleinen Gesicht heißt es im Gegensatz zu der total zerstörten und dunklen Umwelt „hat es alles, was dazugehört: Ohren, Nase, Mund und Augen.“ Die Anbetenden sind so die drei dunklen Könige, die von dem Mann auch „sonderbare Heilige, schöne Heilige“ genannt werden.

Und die Frau erinnert: „Heute ist ja auch Weihnachten."

Alles wird im Lauf der Geschichte in ein anderes, helles Licht getaucht, aber nur zart andeutend, allegorisch. Und darum gehört sie wie die meisten Kurzgeschichten und Gedichte Borcherts in das lyrische Fach.

Gehen wir nun weiter zur erzählenden Dichtung; sie ist ihrer Art nach viel länger als Borcherts Geschichte, sie breitet aus, und wir vergnügen uns daran. Schon ihr Titel deutet das an:

Mozart auf der Reise nach Prag

verfaßt von Eduard Mörike und erschienen 1856.

Das Sprichwort sagt treffend: Wenn jemand eine Reise tut, dann kann er was erzählen! Dies geschieht in drei ausgebreiteten Teilen: der längeren Kutschfahrt durch die böhmischen Wälder, dem Verweilen in einem Schloßgarten, und schließlich machen er und seine Frau Konstanze Station in einem anderen Schloß, wo sich die Gesellschaft freut, dem berühmten Komponisten so unerwartet zu begegnen und Proben seiner Musik zu hören.

Bunt wird das Bild aber erst dadurch, daß ganz verschiedene Personen darin auftreten. Da ist zuerst einmal Konstanze, die ihren Mann auf der Reise begleitet, ihn aufs beste unterhält, weil sie ihn in allen seinen Schwächen und Liebenswürdigkeiten kennt, ihn an vergangene Zeiten erinnert, zum Beispiel in Berlin, wo sie ihren begabten Mann in ihrer lebhaften Phantasie neckisch zum preußischen Generalmusikdirektor macht. Und Mozart stimmt in solche Späße ein: „Bravo! bravissima!, rief Mozart überlaut, und nahm sein Weibchen bei den Ohren, verküßte, herzte, kitzelte sie, so daß sich dieses Spiel mit bunten Seifenblasen einer erträumten Zukunft ... zuletzt in hellen Mutwillen, Lärm und Gelächter auflöste."

Ganz ähnlich dann die Szene zwischen dem Schloßgärtner und dem zerstreut Tönen nachhängenden Musiker, der in seiner Geistesabwesenheit eine Frucht von den Pomeranzenbäumchen abpflückt und zur Rede gestellt wird: „Mit Erlaubnis, mein Herr, wie kommen Sie dazu, an diesem Ort auf solche Weise zuzugreifen?" – „Was?", rief Mozart, „zugreifen? Zum Teufel! glaubt Er denn, ich wollte stehlen und das Ding da fressen?"

Mörike versteht es bestens, in lebhaften Schilderungen und Dialogen mit Nebenpersonen seine verehrte Hauptperson zu charakterisieren. Lustige Szenen wechseln aber öfters auch mit ernsten ab, die ihren Höhepunkt im letzten Teil der Erzählung erreichen. Da ist vor allem Eugenie, die in der Gesellschaft als frisch Verlobte auftritt und Mozart zu Ehren eine Arie aus Figaros Hochzeit singt. Er macht ihr ein Kompliment, „erfaßte ihre Hand und küßte sie herzlich."

Eugenie ist es auch, die den Schluß der Novelle bestimmt, als das Paar schon wieder abgereist ist. Da findet sie auf dem Klavier ein Blatt mit einem Gedicht, in dem ein Rosenstrauch verkommt, von dem es am Ende der ersten Strophe heißt, er sei „erlesen schon | auf deinem Grab zu wurzeln | und zu wachsen." Für Eugenie sind diese Worte eine erschütternde Vorahnung des baldigen frühen Todes Mozarts, dessen überwältigende Musik, von ihm selbst gespielt, sie am Vorabend mitgehört hatte. Das Gedicht hat natürlich Mörike verfaßt, eines der schönsten aus seiner Feder.

Mozart hatte der Schloßgesellschaft die Kirchhofszene aus seiner in Prag aufzuführenden Oper „Don Giovanni" vorgetragen, und Mörike zieht in ihrer Schilderung alle Register seiner Kunst. Er vergleicht die Töne und Tonfolgen mit „silbernen Posaunen“, die aus entlegenen Sternenkreisen fallen, eiskalt, Mark und Seele durchschneidend“, und er spricht kurz darauf im bildhaften Vergleich von einem „Gefühl“, ähnlich dem, womit man das prächtige Schauspiel einer unbändigen Naturkraft, den Brand eines herrlichen Schiffes anstaunt.“ Aber der Dichter spricht nicht nur in beeindruckenden Bildern, sondern verlautet auch im harten, hämmernden Gleichklang von betonten Wortanfängen (Alliterationen): „unter dem wachsenden Andrang der höllischen Mächte ratlos ringt.“ Auffallend auch die aus der Konsternation erklärbaren Sinnwidersprüche in einem einzigen Wort oder Ausdruck (Oxymoron): „furchtbarer Choral“, „vor Lust und Angst zugleich“, die Mörike schon zu Anfang der Erzählung in dem Schicksal Mozarts ausspricht: „Doch wissen wir, auch diese Schmerzen rannen abgeklärt und rein in jenen tiefen Quell zusammen, der aus hundert goldnen Röhren springend, im Wechsel seiner Melodien unerschöpflich, alle Qual und alle Seligkeit der Menschenbrust ausströmt.“

Brigitte Doppagne: Clara

Der Erzählung, erschienen 1993, spielt in Worpswede bei Bremen, genauer: an drei Orten: auf dem Barkenhoff des Malers und Architekten Heinrich Vogeler (1872–1942) – in der weiten Naturlandschaft am Rande des Moors – und in dem kleinen Atelier der Bildhauerin Clara Westhoff in einem Bauernhaus. Was sich dort abspielte, geschah im Jahr 1900.

Dichterisch gestaltet wird die Freundschaft von Künstlern, die sich in Worpswede zu ihrer Arbeit zusammengefunden haben: von dem Erbauer des Barkenhoffs Vogeler, Clara, Paula Becker, Otto Modersohn. Hinzu tritt Rainer Maria Rilke, der Dichter.

Was und wie nun erzählt wird, geht ganz von den genannten Personen aus, denen die Erzählerin ihre Stimme und ihre Empfindungen leiht.

Eingangs folgt Clara einer Einladung zu einem festlichen Zusammensein auf dem Barkenhoff; nur ganz knapp wird von „der Giebelfassade des Hauses und der davor gelegenen Estrade, an der rote und weiße Rosen emporrankten“, gesprochen. „Vor der Tür und an den Enden der Estrade standen kleine Lorbeer- und Oleanderbäume." Wichtiger ist das Innere des Hauses: „Auf einem Leuchter brannten drei Kerzen, die sich als zitternde Schatten an den Wänden wiederholten... der lange Tisch war schon gedeckt; auf der Anrichte standen Schalen mit kalten Speisen vor den Zinnkrügen und den bunt bemalten Bauerntellern, daneben Sträuße von Levkojen und Georginen." Vom Weißen Saal im ersten Stock bemerkt Clara: „Auch hier brannten Kerzen. Die Flammen flackerten im Windzug und tauchten den Raum in ein unruhig sanftes Licht. Weiße Türen, über die Vasen gemalt waren, aus denen Rosenketten flossen, führten in andere Räume, dazwischen hingen kostbare Stücke." Zu der feinfühligen Schilderung kommt die Charakterisierung Rilkes, dem Clara hier zum ersten Mal begegnet: „Hier, in dieser Zurückgezogenheit, in diesem Hause außerhalb der großen Städte, gelingt es, Kunst und Leben in Einklang zu bringen ... und mein bisheriges Leben wäre somit eine Vorbereitung gewesen zu sehen, daß Kunst gelebt, wirklich gelebt werden kann." Als Rilke aufgefordert wird, aus seinem Werk vorzulesen, Gedichte, Balladen, heißt es: „Aber irgend etwas in Clara wehrte sich gegen die Feierlichkeit, die jetzt aufkam ... jeder Satz ... nahm dem abendlichen Zusammensein seine Leichtigkeit und gab ihm dafür eine triste Färbung." Der heutige Leser weiß ja, wie das Zusammensein zwischen Clara und Rilke schon nach ein, zwei Jahren endete, und ist gespannt, wie die Erzählerin ihre Begegnung fortführt.

Nicht zufällig läßt sie Claras Freundin Paula dicht auf die soeben geschilderte Szene folgen. Die Malerin steht vor der Verlobung mit Otto Modersohn, dem Landschaftsmaler. In dieser Erwartung wirkt Paula leicht, ja humorvoll. Wenig später erinnert man sich in der Gesellschaft an den Spaß der beiden, als sie den Turm der Worpsweder Kirche bestiegen und im Übermut die Glocken läuteten, sehr zum Unmut der Dorfbewohner, die einen Feueralarm vermuteten. „Es gab einen Antrag auf Strafe … und schließlich zur Versöhnung von Clara gestiftete pausbäckig modellierte Puttenköpfe und von Paula ein Rankenmuster (prächtige Sonnenblumen) für die Balken der Kirche."

Im wichtigen Mittelteil der Erzählung steht das Erlebnis der Worpsweder Moorlandschaft in ihrer eigentümlichen Schönheit. Paula und Modersohn wollen mit Rilke eine Bootsfahrt auf der Hamme machen, zu der Paula auch Clara einlädt; Vogeler entschuldigte sich. Am folgenden Tag brechen sie auf, zuerst mit der Kutsche, dann in dem Kahn eines Torfbauern. „Clara sah über das flache Land, hörte den gellenden Ruf eines Holzreihers und das Plätschern des Wassers am Bug des Kahns. Paula hatte den Kopf in den Nacken gelegt und hielt ihr Gesicht der Sonne entgegen. Der Wind riecht schon nach Meer, sagte Rilke."

Schon dieser erste zitierte kleine Absatz ist charakteristisch für die Darstellung: es wird nicht einfach ein Bild von der Landschaft gegeben, sondern diese spiegelt sich in den Empfindungen der sie erlebenden Personen, hier auf kleinstem Raum von Clara, Paula und Rilke. Und später: „Sie kamen jetzt in das eigentliche Moorgebiet. Wie eine schwarzglänzende Schlange wand sich die Hamme durch die Wiesen." Der eindrucksvolle Vergleich ist mehr als Empfindung des Gesehenen, es regen sich Erinnerungen und Gedanken in den Beobachtenden. „Sie sprachen über den grausamen Tod, den ein ins Moor geratener Mensch erleiden müsse, und Clara erwähnte die Tausende Jahre alten Moorleichen, die man gefunden hatte, beinahe unversehrt. Da wurde Rilke ernst und meinte, wenn irgendwo, dann müsse doch in diesem Land ein Totentanz entstehen, der dunkle Reigen, der gesprungene Abtanz, hinaus aus der Welt.“ Sie hatten inzwischen das Teufelsmoor betreten, seinen schwingenden Boden, kehrten der Gefahr wegen aber bald wieder zurück.

Dem Titel der Erzählung folgend muß in diesem Zusammenhang über Clara und Rilke, den Worpsweder Neuankömmling, und über ihr Verhältnis zueinander gesprochen werden. „Wie gefällt er dir?, fragte Paula. Clara fühlte, daß ihr Hitze ins Gesicht stieg, fürchtete, nicht mehr verbergen zu können, vor Paula, vor sich selbst, daß etwas Besitz von ihr ergriff.“ Und kurz danach: „Weißt du, wie lange er bleibt?, fragte Clara.“

Natürlich kommen sie und Rilke miteinander ins Gespräch. „Sie modellieren Kinder, nicht wahr? Und er erzählt ihr von seiner Kindheit in Prag.“ Danach: „Irgend etwas trieb Rilke auf Clara zu, ließ ihn, wie sie spürte, ihre Nähe suchen, auch wenn er häufig schwieg, da seine Versuche, ein Gespräch mit ihr zu führen, stets aufs neue scheiterten.“ Monologisieren kann er, als er auf seine gerade beendete Rußlandreise zu sprechen kommt. Doch da heißt es von Clara: „Sie fühlte sich unwohl, wußte nicht, was antworten. Irgend etwas war falsch, verwandelte die Landschaft, die er ihr beschrieb, zur leblosen Szenerie." Man spürt das Ambivalente in der Beziehung und fragt sich, wie das weitergehen soll. Geschickt, daß die Erzählerin die Geschichte in Claras Bauernhaus, wo sie wohnt und arbeitet, enden läßt.

Schon in einem Vorspann – zwischen dem Fest auf dem Barkenhoff und dem Ausflug an die Hamme – waren wir in die Atmosphäre vom Claras Zuhause eingeführt worden. „Jetzt erst merkte Clara, daß sie den ganzen Tag darauf gewartet hatte, Rilke ihre Figuren zu zeigen." Gefühlvoll streicht er über die Tonfigur eines Knaben und sagt, nachdem er Claras Atelier gesehen hat: „Ich will lernen, den Vorgang des Formens, des Gestaltens, auf die Sprache zu übertragen", und Clara denkt, „Vielleicht lassen sich Worte ja zur Landschaft fügen, ... in der sich leben läßt."

Eine Hoffnung keimt in ihnen beiden auf. Clara will ihn portraitieren, wie dann Paula dies expressionistisch in einem ihrer schönsten Bildnisse getan hat. Er selbst gesteht Clara nun: „Ich könnte mir vorstellen, hier zu leben, in einem Haus mitten im Moor, an keiner Straße gelegen und von keinem Menschen so schnell zu finden, an einem Ort, dem man sich angleicht, von dem man ununterscheidbar wird wie die Tiere, die in Körpergestalt und Farbe andere nachahmen, um sich zu schützen."

Clara begleitet die kleine Gesellschaft noch ein Stück nach Hause. Als sie sich verabschieden, drückt Rilke Clara noch einen gefalteten Zettel in die Hand, mit einem Gedicht, das er in einem ruhigen Moment während ihres Zusammenseins verfaßt hat:

> Zu solchen Stunden gehn wir also hin
> und gehen jahrelang zu solchen Stunden;
> auf einmal ist ein Horchender gefunden
> und alle Worte haben Sinn.
>
> Dann kommt das Schweigen, das wir lang
> [erwarten,
> kommt wie die Nacht, von großen Sternen
> [breit:
> Zwei Menschen wachsen wie im selben Garten,
> und dieser Garten ist die Zeit.
>
> Und wenn die beiden gleich darauf sich
> [trennen,
> beim ersten Wort ist jeder schon allein,
> sie werden lächeln und sich kaum erkennen,
> aber sie werden beide größer sein …

Ist hier nicht alles, das soeben Geschehene und das Zukünftige, in wenigen Strophen angesprochen, andeutend, aber darüber hinausdeutend, wie es guter Dichtung entspricht! (Figur der Allusion) Und ähnliches begegnete uns auch im Verhältnis von Paula und Modersohn, ja noch andeutender bei Vogeler. Darum muß ich abschließend darauf verweisen. Clara fragt Paula: „Wird dir Paris nicht fehlen? Modersohn kann hier auf Dauer leben, er ist fast ein Teil dieser Landschaft, aber Du?“ Und sie antwortet ihr: „Das ist das einzige, was ich nicht weiß. Ich habe oft Sehnsucht nach Paris, seinem Geruch, seinen Farben. Vielleicht bringt es Modersohn doch einmal über sich und folgt mir einige Monate dorthin.“

Eine Situation, die um Paulas Kunst willen beinahe zu einer endgültigen Trennung zwischen beiden führte. Und bei Vogeler? War nicht auch er in seiner Auffassung über das Verhätlnis von Kunst und Leben „gefangen in sich selbst“, wie es einmal heißt, also allein. „Ein Kindergesicht, dachte Clara. Er wirkte glücklicher. Bald würde er nicht mehr allein sein, sondern mit seiner Frau in diesem Hause [dem Barkenhoff] leben.“ Es ist Modersohn, der dies auf ihrer Kahnfahrt anzweifelt: „Ich glaube nicht, daß es seinem Charakter entspricht, dem Ästhetischen auf Dauer Vorrang vor anderen Werten zu geben, dem Gedanken, aus seinem Leben ein

Kunstwerk zu machen“, wie er dies in seiner Ehe mit Martha, der Tochter des Worpsweder Lehrers, versuchte.

Wie gesagt, in unserer Erzählung ist dies nur angedeutet. Aber es ist ein wichtiges Motiv, das in der Beziehung zwischen Clara und Rilke bestimmend ist (Figur der variatio).

Ausgehend von dem, was ich den fordernden Modus der Wahrheit in der Dichtung genannt habe, versuche ich nun, zwei Beispiele *dramatischer* Dichtkunst zu geben. Das herausragendste in der deutschen Literatur ist sicher die Trilogie

Wallenstein

von Friedrich Schiller, uraufgeführt 1798: „Wallensteins Lager“ und 1799: „Die Piccolomini“ und „Wallensteins Tod“. Natürlich muß ich mich hier auf die herausragenden Merkmale des Riesenwerks beschränken.

Beeindruckend ist zunächst einmal die atmosphärische Geschlossenheit des Dramas, für die es, einleitend gesagt, zwei biographische Gründe gibt: Schiller mußte schon als Schüler auf Befehl des absolutistisch regierenden Herzogs Karl Eugen von Württemberg in einer Militärakademie erzogen werden, in der eiserne Disziplin herrschte; und: sein späteres großes Interesse an politischer Geschichte brachte ihn unter anderem zur Abfassung des Werks: „Die Geschichte des Dreißigjährigen Krieges“ (1791–1793), in dem die historische Gestalt Wallensteins eine wichtige Rolle spielt.

Eine große Zahl von Personen aus dem Offiziers- und diplomatischen Bereich bevölkern in dem Stück die Bühne, und zwar in zwei gegensätzlichen Gruppen: die eine steht zunächst auf der Seite Wallensteins, die andere auf der Seite des Kaisers. Schon im „Lager“, eigentlich alle unter dem Befehl ihres Feldherrn Wallenstein, gibt es sie: Terzkys Regimenter sind vielleicht „mit Leib und Leben sein“, aber die Arkebusier kennen darüber „des Kaisers Will‘ und Geheiß“. In den ersten Szenen der „Piccolomini“ tritt dann der kaiserliche Rat von Questenberg auf; er überzeugt sich schnell von der kritischen Haltung der Offiziere gegenüber dem kaiserlichen Hof und spricht mit Octavio Piccolomini darüber: „Hier ist kein Kaiser mehr. Der Fürst ist Kaiser.“

Die Gräfin Terzky geht noch weiter. Max Piccolomini, der Sohn Octavios und jugendliche Verehrer

Wallensteins, soll an Thekla, die Tochter Wallensteins gefesselt werden: eine der vielen, oft ausufernden Intrigen im Werk Schillers, um so dem machtpolitischen Ehrgeiz Wallensteins Rückhalt zu verleihen. Sie hat Erfolg, aber doch in anderem Sinne als erwartet: die beiden werden nicht Werkzeug Wallensteins, sondern empfinden echte Liebe zueinander, was zu einem heftigen Konflikt zwischen Octavio und Max, Vater und Sohn, führt.

Octavio tut seinem Sohn die geheimen landesverräterischen Absichten Wallensteins kund, die ihm Max nicht abnimmt. In dramatischer Rede und Gegenrede prallen Verdacht und Überzeugung aufeinander; der zweite Teil der Trilogie endet mit der pathetischen Rede von Max:

„Oh! das kann nicht gut endigen – und mag [sich's
Entscheiden wie es will, ich sehe ahnend
Die unglückselige Entwicklung nahen. –
Denn dieser Königliche, wenn er fällt,
Wird eine Welt im Sturze mit sich reißen.
Und wie ein Schiff, das mitten auf dem [Weltmeer
In Brand gerät mit einem Mal und berstend
Auffliegt und alle Mannschaft, die es trug,

Ausschüttet plötzlich zwischen Meer und
[Himmel,
Wird er uns alle, die wir an sein Glück
Befestigt sind, in seinen Fall hinabziehn.
Halte du es, wie du willst! Doch mir vergönne,
Daß ich auf meine Weise mich betrage.
Rein muss es bleiben zwischen mir und ihm,
Und eh' der Tag sich neigt, muß sich's erklären,
Ob ich den Freund, ob ich den Vater soll
[entbehren."

Die Allegorien, hier: von dem königlichen Wallenstein, der eine ganze Welt (!) im Sturm noch mit sich reißt, und von dem auf dem Weltmeer durch einen Brand explodierenden Schiff, das der Besatzung den Tod bringt, sind von Schiller ausgiebig gebrauchte dramatische Stilmittel.

Noch dramatischer gestaltet ist dann „Wallensteins Tod". Auffallend die langen Monologe Wallensteins, der jetzt im Mittelpunkt des Geschehens steht. Im ersten Auftritt sein Schicksalsglaube, von der günstigen Konstellation der Planeten Jupiter und Venus bestimmt, die den alten Schadenstifter Mars in ihre Mitte nehmen und unschädlich machen. Es geht um die Zukunft Wallensteins, die ihn nun zum Handeln herausfordert. Darum erwarten wir ein dramatisches Geschehen. Vorahnend kommt es schon im Selbstgespräch des vierten Auftritts zum Ausdruck:

„Und was ist dein Beginnen? Hast du dir's
Auch redlich selbst bekannt? Du willst die
[Macht,
Die ruhig, sicher thronende erschüttern,
Die in verjährt geheiligtem Besitz,
In der Gewohnheit festgegründet ruht,
Die an der Völker frommem Kinderglauben
Mit tausend zähen Wurzeln sich befestigt. …
Ein unsichtbarer Feind ist's, den ich fürchte,
Der in der Menschen Brust mir widersteht,
Durch feige Furcht allein mir fürchterlich –
… Das ganz
Gemeine ist's, das ewig Gestrige,
Was immer war und immer wiederkehrt
Und morgen gilt, weil's heute hat gegolten!
Denn aus Gemeinem ist der Mensch gemacht,
Und die Gewohnheit nennt er seine Amme."

Ich sprach weiter oben von der *fordernden* Wahrheit des Dramas, es geht Wallenstein um eine Zukunftsvision, die es kraftvoll zu verwirklichen gilt. Der Monolog benennt die Widerstände, die sich ihm dabei in den Weg stellen. Sie zeigen sich vor allem in der Form der *Sentenzen*, die ja eine gängige Erfahrung aussprechen, die Wallenstein überwinden muß und die ihn zu einem tragischen Helden machen.

Die Sentenz wird so zu einem weiteren Stilmittel unseres Dramas! Kurz hingewiesen sei auch auf die Wortkopplung „ruhig sicher thronend“, „verjährt geheiligt“, „ewig gestrig“, die auch sonst häufig vorkommen; sie bewirken eine Dehnung der Sprechbewegung innerhalb des fünfhebigen Jambenverses und verleihen ihm den kräftigen Rhythmus der dramatischen Rede.

Immer rastloser vollzieht sich Wallensteins Schicksal, der sich nicht für die machtvolle Verwirklichung seiner politischen Vision entscheiden kann. Seine Umgebung aber handelt. Max Piccolomini wendet sich blutenden Herzens von dem Verehrten ab und sucht den Tod; auch Thekla in ihrer Liebe zu Max kann ihrem Vater nicht mehr vertrauen; die Pappenheimer, Wallensteins Leibregiment, verlassen ihn; schließlich Buttler, der Mörder seines Feldherrn, welcher ihm die Rangerhöhung nicht gewährte. Octavio Piccolomini, einst der engste Waffenbruder Wallensteins, aber auch dem kaiserlichen Eid verpflichtet, bricht das zwischenmenschliche Vertrauen. Schiller verstand es, die Tragik des Geschehenen noch mit den allerletzten Sätzen des Stücks und den Regieanweisungen am Schluß anzudeuten: ein Kurier aus Wien bringt einen Brief mit dem kaiserlichen Siegel und der Aufschrift: „Dem *Fürsten* Piccolomini (Octavio erschrickt und blickt schmerzvoll zum Himmel. Der Vorhang fällt.“)

Mißtrauen gegen Vertrauen sind die Leitmotive der Tragödie. Maxens Vertrauen zu Octavio und danach zu Wallenstein zerbricht; Wallensteins Sternenglaube erweist sich als trügerischer Schein; sein Leibregiment, die Pappenheimer, verläßt ihn; von der Freiheit, welche die Soldaten des „Lagers“ besingen, sagt Buttler:

> „Es denkt der Mensch die freie Tat zu tun.
> Umsonst! Er ist das Spielwerk nur der blinden
> Gewalt, die aus der eignen Wahl ihm schnell
> Die furchtbare Notwendigkeit erschafft.“

Und Schönheit in der Verbindung der Liebenden? Thekla klagt mit Grauen:

> „Da kommt das Schicksal – Roh und kalt
> Faßt es des Freundes zärtliche Gestalt
> Und wirft ihn unter den Hufschlag seiner
> [Pferde.
> – Das ist das Los des Schönen auf der Erde.“

Schiller der Dichter der Ideale? In „Wallenstein“ war es sein Ehrgeiz, die Macht der Wirklichkeit darzustellen. Aber auf dichterische Weise.

Heinrich von Kleist
„Das Erdbeben in Chili“

Der Dichter (1771–1811) stellt in seinem Werk Extremsituationen dar, in welchen er sich selber immer wieder befand (auf sein Leben gehe ich am Schluß der Interpretation ein). 1807, wenige Jahre vor seinem Freitod, griff er das Ereignis eines Erdbebens auf, das sich 1647 in Chile ereignet hatte, gefolgt von einem noch schwereren Beben, welches 1755 die Stadt Lissabon zerstört hatte und in den Werken von Leibniz, Voltaire, Rousseau und Goethe einen Widerhall fand.

Im ersten Teil der Novelle schildert er sehr knapp das Ereignis des Erdbebens, so wie es die Hauptpersonen Jeronimo und Donna Josephe erleben: „als plötzlich der größte Teil der Stadt, mit einem Gekrache, als ob das Firmament einstürzte, versank, und alles, was Leben atmete, unter seinen Trümmern begrub.“ Wie durch ein Wunder entrinnen beide, er aus seinem Gefängnis, sie auf dem Weg zu ihrer Hinrichtung, dem Tode. Sie sind, wie wir am Anfang der Erzählung erfahren, ein verbotenes Liebespaar, sie hat ein uneheliches Kind von ihm bekommen, und sind die Opfer eines rigorosen

Standesbewußtseins und der religiösen Sittenstrenge jener Zeit. Und wie durch ein noch größeres Wunder finden die aus der bebenden Stadt Flüchtenden sich draußen mit ihrem Kind unverletzt wieder.

Im Drama wie auch hier in der dramatischen Novelle wird diese Stelle als Peripetie bezeichnet, das heißt als unerwartete Wendung, als Umschlag der Handlung und Stimmung der Betroffenen: hier von Todesfurcht zu höchstem Glücksgefühl. In der Peripetie verändert sich auch die Sprache; bei Kleist wird sie bildhaft-idyllisch: „Sie fanden einen prachtvollen Granatapfelbaum, der seine Zweige, voll duftender Früchte, weit ausbreitete, und die Nachtigall flötete im Wipfel ihr wollüstiges Lied … Der Baumschatten zog, mit seinen verstreuten Lichtern, über sie hinweg, und der Mond erblasste schon wieder vor der Morgenröte, ehe sie einschliefen."

Da es immer noch zu Nachbeben kam und die Gefahr der Verfolgung durch die städtischen und kirchlichen Behörden weiter bestand, überlegten sie, ob sie das Land nicht verlassen und sich in Spanien, der Heimat ihrer Vorfahren, niederlassen sollten; aber da sie unter den Geflüchteten in Don Fernando einen Freund und Beschützer fanden, kehrten sie mit vielen anderen zu einem Dankgottesdienst in die Stadt zurück.

Was würde der Prediger zu ihrem Trost sagen können? Für ihn war das Erdbeben das Gericht Gottes über die Stadt. Und dann wurde er auf einmal sehr deutlich, als er die Verfehlungen von Jeronimo und Josephe benannte, ohne ihre Namen auszusprechen. Natürlich kannte man die beiden und Pedrillo, ein Schuhflicker, der für Josephe gearbeitet hatte, erhebt seine Stimme und macht sie für das Elend des Erdbebens verantwortlich. Ein Tumult in der Kirche entsteht, mit blutigen Folgen.

In dieser neuen unverhofften plötzlichen Wendung des Geschehens nun die zweite Peripetie in der Novelle. Die Hauptpersonen der Geschichte werden umgebracht: der Vater Jeronimos tötet den eigenen Sohn, Josephe stirbt; Don Fernando, der sich tapfer gegen die aufgepeitschte Menge wehrt, verliert sein eigenes Kind, kann aber Josephes Säugling retten.

Ganz knapp und dramatisch wird dies beschrieben, wie Kleist dies sehr oft in seinen Erzählungen und Stücken getan hat. Nicht einfach seinem Stoff geschuldet, sondern als Ausdruck seiner eigenen Seelenlage.

Verzweifelt hatte Kleist einen festen Punkt, eine unerschütterliche Gewißheit in seinem Leben gesucht. In der Fortsetzung der militärischen Familienlaufbahn, im Studium der kantischen Kritik der Vernunft, in seinen versuchten Betätigungen: im Staatsdienst, als Journalist, als Landwirt gelangte er nicht zu einem ihn letztlich befriedigenden Lebensgefühl. Auch in den Beziehungen zu Frauen hatte er kein Glück. Wo war die letzte Gewißheit zu finden und wie konnte man sie leben? Vielleicht nur im Tod. In einem Abschiedsbrief an seine Stiefschwester Ulrike vor seiner Selbsttötung mit 34 Jahren schrieb er, er scheide „mit unaussprechlicher Heiterkeit".

Eine Konstante in seinem Leben gab es: die dichtende Kraft seines Schreibens.

Max Frisch
Biedermann und die Brandstifter

Das Spiel ohne Nachspiel hat Frisch ein Lehrstück ohne Lehre genannt: Uraufgeführt wurde es 1958 am Zürcher Schauspielhaus. Besonders in Deutschland hat es eine ungeheuer starke Wirkung erzielt, weil es als eine Parabel auf die verbrecherische Politik Hitlers und der Nationalsozialisten verstanden wurde. Sie waren die Brandstifter des Stücks. Die wenigen Anspielungen auf den Lebenslauf Hitlers genügten: seine Herkunft aus einfachen Verhältnissen, die Gefängnishaft 1923 nach dem gescheiterten Putschversuch in München, die Heilrufe des Chors in der dritten Szene, die Detonation der Benzinfässer und der Untergang Biedermanns am Schluß des Stückes – Folge des von Hitler vom Zaun gebrochenen Zweiten Weltkriegs.

Was sind die Gründe für die dramatische Wirkung der Parabel? Zum ersten die Steigerung der auf engstem Raum stattfindenden Handlung. In der ersten Szene tritt ein Hausierer namens Schmitz auf, dem es gelingt, sich Zutritt in Biedermanns Haus zu verschaffen. In der zweiten Szene kommt sein Kumpel mit dem bedrohlichen Namen Eisenring dazu.

Weil sie Mitleid hervorrufen, bekommen sie die Dachkammer zum Schlafen, in die sie in der Nacht Benzinfässer rollen (dritte Szene). Biedermann bemerkt das natürlich; als – aus anderem Grund – die Polizei kommt, behauptet Biedermann, weil er verdächtigt wird, in den Fässern sei Haarwasser, mit dem er als Geschäftsmann handelt. Nun hat er sich schon halb in die Hände seiner Eindringlinge begeben. Die wagen es, ihm gegenüber schon von Zündschnur und Zündkapsel zu sprechen (vierte Szene), später sogar von Holzwolle und Streichhölzern (fünfte Szene).

In der letzten Szene sagen sie ihm dann ins Gesicht: „Wir sind Brandstifter." Eine beeindruckende Steigerung also, wie sie in der dramatischen Novelle vorkommt (siehe Kleist).

Die Brandstifter im Stück tarnen sich. Wie sie das machen, gibt Eisenring in der dritten Szene unverhüllt preis: „Scherz ist die drittbeste Tarnung. Die zweitbeste Sentimentalität ... aber die beste und sicherste Tarnung (find ich) ist immer noch die blanke und nackte Wahrheit. Komischerweise. Die glaubt niemand."

Beispiele: Nach dem Gansessen, zu dem Biedermann sie eingeladen hat (!), spielt Schmitz Theater vor (sechste Szene), allerdings mit makabrem Hintersinn: indem der Geist Biedermanns zu Tode gebrachter Angestellter Knechtling ist, lenken die Brandstifter den Verdacht von sich auf Biedermann ab.

Ebenso machten sie es, wenn sie sich als arbeits- und obdachlos hinstellten, Eisenring Schmitzens trostlose Kindheit im Waisenhaus anspricht und so das Mitleid von Biedermann und seiner Frau erregt.

Schließlich bekennen sie sich offen als Brandstifter, doch jetzt mit Biedermanns Reaktion: „Das ist nicht wahr!"

Warum ist die Tarnung so erfolgreich? Weil die beiden genau die bürgerlichen Sitten und Gewohnheiten und die Sprache ihrer Opfer anwenden, zu denen auch deren Egoismen und Rücksichtslosigkeiten (Knechtling!) gehören.

Hätte die Katastrophe vermieden werden können? Es tritt im Stück ja ein Chor in alltagsferner hymnischer Sprache auf, wie in der antiken Tragödie des Sophokles, der etwa in der „Antigone" verkündet: „Ungeheuer ist viel und nichts | Ungeheurer als der Mensch." Bei Frisch besteht der Chor aus Feuerwehrmännern, die bestehende Brände zwar zu löschen versuchen, wenn es nicht wie im Zweiten Weltkrieg zu viele auf einmal sind, aber die Brandstiftung natürlich nicht verhindern können. Außerdem heißt es von diesem Chor gleich am Anfang des Stücks: „Feuergefährlich ist viel, | Aber nicht alles, was feuert, ist Schicksal, | Unanwendbares." Und entsprechend am Schluß: „Was nämlich jeder voraussieht | Lange genug, | Dennoch geschieht es am End: | Blödsinn, | der nimmer zu löschende jetzt, | Schicksal genannt."

Die Botschaft ist klar, wenn sie auch noch keine Lehre ist (Frisch nannte sein Stück ja ein Lehrstück ohne Lehre!). Ich sprach in der Einleitung zu meiner Arbeit vom Modus der fordernden Wahrheit in der dramatischen Dichtung. Die Forderung in „Biedermann und die Brandstifter“ heißt: die Katastrophe wird nur dann verhindert, wenn die Menschen nicht an das Verhängnis des Schicksals glauben (oder wie Hitler vom „Herrgott“ sprechen), sondern verantwortlich *handeln*.

Fazit

Die Auswahl der Texte und meine Interpretationen haben gezeigt, daß man mit dem gewählten Ansatz in der Würdigung ihres dichterischen Rangs ein Stück weiterkommen kann.

Aber auch die Grenzen dieser Methode wurden deutlich; besonders was Emil Staigers „Grundbegriffe der Poetik“ in ihrer Anwendung auf die Texte betrifft. Es zeigte sich, daß die Einteilung in lyrische, epische und dramatische Werke zwar nützlich ist, aber längst nicht immer eingehalten werden kann; ihre unterschiedlichen Qualitäten sind nicht selten in ein- und derselben Dichtung vereint. Schillers Ballade „Die Bürgschaft“ wäre ein markantes Beispiel dafür. Episch, daß sie 27 Strophen zu je sieben Verszeilen umfaßt, dramatisch der breite Mittelteil, in dem der Held höchst gefährliche Widerstände überwinden muß; schließlich verlangte schon die traditionelle Ballade das Lyrische, welches die Spannung in der Freude und Rührung der Freunde, der Zuschauer und des Königs auflöst.

Goethe nannte die Ballade aus diesem Grund auch das Urei der Poesie! Staiger trug dem Rechnung, indem er von Grundformen der Poetik sprach, die sich nicht auf Gedicht, Erzählung und Drama aufteilen lassen. Ich habe dies an den Texten von Kleist und Borchert nachgewiesen.

Eine zweite Differenzierung ergab sich aus der Gegenüberstellung von klassischen und modernen Texten. Dabei fällt auf, daß sie oft mit verschiedenen Stilmitteln arbeiten. Charakteristisch für die Gegenwartsliteratur scheint mir ihre Prägnanz zu sein – nicht nur im quantitativen, sondern auch im qualitativen, hier ästhetischen Sinn.

In einer anderen Untersuchung habe ich dies an berühmten Texten von Brecht, Böll und anderen gezeigt. Ich sprach von Kunst der Prägnanz und verweise auf den zweiten großen Teil dieser Arbeit, wo ich im Folgenden den geschichtlichen Formenwandel im deutschen lyrischen Gedicht aufzeige.

Gern komme ich an dieser Stelle auch noch einmal auf den Anfang des ersten Teils zurück, wo ich meine Lektüreerfahrungen mit Oberstufenschülern des Gymnasiums ansprach; wenn es nach meiner Überzeugung in der Dichtung nicht in erster Linie um Wahrheit, sondern um die sprachlich-ästhetische Gestaltung der Wahrheit geht, so paßt das vollkommen in das übergeordnete Ziel des Deutschunterrichts, der den Schülern des Gymnasiums einen anspruchsvollen Gebrauch ihrer Muttersprache vermitteln will.

Teil II

Das lyrische Gedicht in der Formengeschichte der deutschen Literatur

Kürenbergers „Ich zôch mir einen valken“

Beginnen wir mit einem der ältesten Dichter der deutschen Sprache, von Kürenberg, der zu der Zeit des Stauferkönigs Friedrich Barbrossa in der zweiten Hälfte des zwölften Jahrhunderts lebte. Er schrieb das schöne Gedichte vom Falken:

Ich zôch mir einen valken mêre danne ein jâr.
Dô ich in gezamete, als ich in wolte hân,
und ich im sîn gevidere mit golde wol
[bewant,
er huop sich ûf vil hôhe und vlouc in
[anderiu lant.

Sît sach ich den valken schône vliegen:
er vuorte an sînem vuoze sîdîne riemen,
und was im sîn gevidere alrôt guldîn.
Got sende si zesamene, die gerne geliep
[wellen sîn!

Wir spüren beim Hören oder Lesen schnell, dass da eine Geschichte besungen wird, hinter der noch eine zweite Geschichte anklingt; es ist die einer Frau, die ihren geliebten Mann an eine andere verloren hat. In der dichterischen Rhetorik spricht man von einer Allegorie, was so viel heißt wie: noch etwas anderes sagen. Die eigentliche Geschichte liegt dahinter; was vorgetragen wird, ist sehr anschaulich das Bild vom Falken, den die Frau zähmte und schmückte, der ihr dann aber entflog und den sie noch manchmal mit seidenen Riemen herumfliegen sah. Das weckt im Hörer ein Gefühl des Mitleids.

Aber die Frau weint und verzweifelt darüber nicht, sie bleibt gefasst, wie die letzte Zeile und der Duktus des ganzes Gedichts zeigen. Sie spricht/singt langsam, betont und mit Pausen, fast männlich.

Der Kürenberger wählte eine Vers- und Strophenform, die durch ihn um 1200 berühmt wurde: die des Nibelungenlieds, des berühmten Heldenepos in mittelhochdeutscher Sprache. Jede Strophe, auch hier im Falkengedicht, endet schwer abschließend vierhebig, während die vorangegangenen drei Langzeilen in ihren beiden Kurzzeilen dreihebig sind.

Man mag sich fragen, wie es kam, dass ein so großartiges Gedicht fast am Anfang der deutschen lyrischen Dichtungsgeschichte steht. Doch dieser Anfang war zugleich einer der Höhepunkte der übernationalen kulturellen Entwicklung, die im Zusammenhang mit der Begegnung von Orient und Okzident steht, die von den südfranzösischen Troubadours vermittelt wurde und dann in Deutschland im höfischen Minnesang ihre Blüte erlebte. Der Kürenberger ging durch diese Schule, neigte aber zu einer natürlicheren Mann-Frau-Beziehung und zu einer Liedauffassung, wie sie dem Volkslied entsprach. Von ihm muss deshalb die Rede sein.

Frühe Volkslieder

Sie wurden, wie auch ihr Name nahelegt, vom Volk gesungen. Texte und Melodien waren einfach, für jedermann verständlich und sprachen das Gefühl an. Wer sie verfasste, komponierte, interessierte nicht, war oft unbekannt; Hauptsache, die Menschen kannten und liebten sie und sangen sie, wenn sie am Abend nach getaner Arbeit zusammensaßen oder miteinander ein Fest feierten.

Man hat die Volkslieder immer wieder gesammelt; durch die Erfindung des Buchdrucks im späten Mittelalter fanden sie weite Verbreitung. Berühmt durch seine Sammeltätigkeit wurde dann im 18. Jahrhundert Johann Gottfried Herder, der sich in seinen „Stimmen der Völker in Liedern“ nicht nur für deutsche Volkslieder interessierte; diese trugen dann in der Romantik Clemens Brentano und Achim von Arnim in „Des Knaben Wunderhorn“ zusammen.

Das noch heute gesungene „Nun will der Lenz uns grüßen“ geht auf die Vorlage Neidhart von Reuentals aus dem 13. Jahrhundert zurück:

Nun will der Lenz uns grüßen,
von Mittag weht es lau.
Aus allen Ecken sprießen
die Blumen rot und blau.
Draus wob die braune Heide
sich ein Gewand gar fein
und lädt im Festtagskleide
zum Maientanze ein.

Die Strophe besteht aus zwei Kreuzreimen a b a b | a b a b mit im Wechsel klingenden und stumpfen Endungen am Ende der Verszeilen: eine typische Volksliedstrophe, in der nicht selten auch Paarreime a a b b auftreten. Die Personifizierung und Bildhaftigkeit: „Draus wob die braune Heide | sich ein Gewand gar fein“ waren ebenfalls ein beliebtes Ausdrucksmittel des Volkslieds. In Erinnerung kommt dabei eine Stelle aus Paul Gerhardts Sommerlied „Geh aus mein Herz und suche Freud“, wo es in der zweiten Strophe heißt:

Narzissen und die Tulipan
die ziehen sich viel schöner an
als Salomonis Seide.

Jahreszeitenlieder gab es viele; am häufigsten aber unter den frühen Volksliedern waren solche, in denen es um die Sehnsucht nach einem begehrten hübschen Mädchen ging. Schwermütig klingt das in

Melodie und Text in einem Liebeslied des Lochheimer Liederbuchs aus dem 15. Jahrhundert:

> Ich far dahin, wann es muß sein,
> ich schaid mich von der Liebsten mein
> zuletzt laß ich ir das herze mein -
> dieweil ich leb, so soll es sein.
> ich far dahin, ich far dahin

Er kommt in seiner ersten Strophe ohne Bilder aus, berührt uns aber durch formale Qualitäten: Ihr Reiz besteht in den Wiederholungen, welche die Härte und Trauer über die Nichterwiderung der Liebe durch das Mädchen zum Ausdruck bringen und sie steigern. „Ich fahr dahin“, heißt es am Anfang und zweimal am Ende, sehr verstärkt außerdem durch den dreifachen Endreim in den mittleren Versen:

> von der liebsten mein
> das herze mein
> so soll es sein

Wir erinnern uns dabei an den Wortlaut des anderen bekannten Volkslieds „Innsbruck, ich muß dich lassen | ich fahr dahin mein Straßen, in fremde Land dahin.“

Vielleicht sollte beim Volkslied ein gesellschaftlicher Gesichtspunkt nicht außer Acht gelassen werden: Seine Personen gehören nicht selten der unteren und ärmeren Gesellschaftsschicht an. Wenn es in Goethes „Faust“ später heißen wird, „Nach Golde drängt,| am Golde hängt | doch alles! Ach wir Armen!“, so wird das zum Beispiel in einem Volkslied aus dem späten 16. Jahrhundert deutlich. Gold spielt darin in allen vier Strophen eine gewichtige Rolle:

Dort niedn in jenem Holze leit
Sich ein Mühlen stolz.
Sie mahlt uns alle Morgen,
Sie mahlt uns alle Morgen,
Das Silber, das rote Gold.

Dort niedn in jenem Grunde
Schwemmt sich ein Hirschlein fein.
Was führt's in seinem Munde?
Was führt's in seinem Munde?
Von Gold ein Ringelein.

Hätt ich des Golds ein Stücke
zu einem Ringelein
Meinem Buhlen wollt ich's schicken
Meinem Buhlen wollt ich's schicken
Zu einem Goldfingerlein.

Was schickt sie mir denn wieder?
Von Perlen ein Kränzelein:
„Sieh da, du feiner Ritter,
„Sieh da, du feiner Ritter,
Dabei gedenk du mein!“

In den ersten beiden Strophen ist von Gold noch in einem übertragenen Sinn die Rede: Das Silber und rote Gold, das die Mühle draußen im Wald mahlt, meint wohl das silbern glänzende Wasser, wenn es über das oberschlächtige Mühlrad läuft; und vergoldet wird es durch die hereinscheinende Morgensonne. So ähnlich auch bei dem Hirschlein in der zweiten Strophe, das etwas Glänzendes, Rundes im Maule trägt, welches der Sänger für ein goldenes Ringlein hält. Die dritte Strophe bestätigt dann meine Vermutung: „Hätt ich des Goldes ein Stücke“: der arme Kerl würde es gern seiner Liebsten als goldenen Ring an den Finger stecken und, vierte Strophe, als Gegengeschenk ein Perlenkränzchen, sprich: die Erwiderung seiner Liebsten empfangen! Rührende Bildhaftigkeit wie in vielen Volksliedern, die oft die Andeutung lieben.

Sonette und Oden
Gryphius – Klopstock – Hölderlin

Mit der Lyrik dieser Dichter verlassen wir die Welt des Volkslieds. Was uns jetzt begegnet, ist durchdrungen von einem Geist der Gelehrsamkeit, der deshalb aber nicht das Lyrisch-Schöne aufhebt; es ist ein ordnender Geist, in dessen Rahmen es nun erscheinen soll. Seine Aussagen werden durch Metrum, verschiedene Reime und Strophenbau verfeinert.

Wenden wir uns zunächst Andreas *Gryphius* zu, der freilich in einer für das Lyrisch-Schöne ungünstigen Zeit gelebt hat (1616–1664), der Zeit des Dreißigjährigen Krieges und seiner Folgen. Nicht wenige seiner Gedichte reden deshalb von Zerstörung, Elend, großem Leid und Tod. Wo war da das Schöne noch zu finden? Für Gryphius im metaphysischen Trost, aber auch in der Ordnung des Gedichts.

Abend

Der schnelle Tag ist hin / die Nacht schwingt jhre
[fahn/
Vnd führt die Sternen auff. Der Menschen müde
[scharen
Verlassen feld vnd werck / Wo Thier vnd Vögel waren
Trawrt jtzt die Einsamkeit. Wie ist die zeit verthan!

Der port naht mehr vnd mehr sich / zu der glieder
[Kahn.
Gleich wie diß licht verfiel / so wird in wenig Jahren
Ich / du / vnd was man hat / vnd was man siht / hin-
[fahren.
Diß Leben kömmt mir vor alß eine renne bahn.

Laß höchster Gott mich doch nicht auff dem Lauf-
[platz gleiten /
Laß mich nicht ach / nicht pracht / nicht lust / nicht
[angst verleiten.
Dein ewig heller glantz sey vor vnd neben mir /

Laß / wenn der müde Leib entschläfft / die Seele
[wachen
Vnd wenn der letzte Tag wird mit mir abend machen /
So reiß mich auß dem thal der Finsterniß zu Dir.

Wir bemerken einen zweiteiligen Aufbau. Im ersten Teil, der aus zwei Strophen zu je vier gereimten Versen besteht, Quartette genannt, ist vom Abend des Tages und der Zeit die Rede; im zweiten Teil, wieder aus zwei Strophen, aber zu je drei Versen, Terzetten, geformt und durch übergreifenden Reim eng miteinander verbunden (erstes Terzett aab, zweites Terzett ccb), wendet sich das Ich bittend an Gott.

Innerhalb der Quartettverse bemerken wir ebenfalls eine Zweiteilung: in je zwei Halbzeilen zu je drei Hebungen (ˉ), die oft Gegenüberstellungen beinhalten: Tag | Nacht; Menschen | Tiere (V2 und 3); Port | Kahn (der noch auf dem Weltmeer hinfährt) (zweites Quartett, V1+2).

In den Terzetten sind es die antithetisch verschärften, aber nicht mehr nach Halbzeilen getrennten Gegensätze von Gott und Ich, Leib und Seele, Finsternis und ewig hellem Glanz, wo uns vor allem die letzte Zeile bewegt: „So reiß mich aus dem Tal der Finsternis zu Dir“ (Pointe des Gedichts im zweiten Teil, hier in der Schlusszeile).

Die vielen formalen Elemente aber sind es, die beeindrucken sollen, indem sie die Aussagen herausheben. Ein solches – man möchte fast sagen: raffiniert ausgeklügeltes Gebilde aus zwei Quartetten und zwei

Terzetten wurde Sonett genannt (von sonare: tönen) und der italienischen Dichtung Dantes und Petrarcas im 13. und 14. Jahrhundert nachgebildet.

Wenden wir uns nun den Oden zu. Das Wort kommt aus der altgriechischen Literatur und heißt auf Deutsch schlicht Gesang, meinte aber einen feierlichen, weihevollen Gesang, meist eines Chors. Auch Gryphius schrieb Oden; die bedeutendsten Verfasser in der deutschen Literatur sind aber Klopstock und Hölderlin.

Friedrich Klopstock (1724–1803), Schüler des altsprachlichen Gymnasiums Schulpforta im Saaletal, gibt uns ein berühmtes Beispiel in seiner Ode „Die frühen Gräber“:

> Willkommen, o silberner Mond,
> Schöner, stiller Gefährt der Nacht!
> Du entfliehst? Eile nicht, bleib Gedanken-
> [freund!
> Sehet, er bleibt, das Gewölk wallte nur hin.
>
> Des Maies Erwachen ist nur
> Schöner noch wie die Sommernacht,
> Wenn ihm Thau, hell wie Licht, aus der Locke
> [träuft
> Und zu dem Hügel hinauf röthlich er kommt.

Ihr Edleren, ach es bewächst
Eure Maale schon ernstes Moos!
O wie war glücklich ich, als ich noch mit euch
Sahe sich röthen den Tag, schimmern die
[Nacht.

Wir spüren beim Hören sofort: Die Sprache ist vornehm, gewählt, ganz anders als im Volkslied; auf den Endreim wie noch bei Gryphius wird verzichtet; dafür fallen die Alliterationen wie dann später bei Hölderlin auf: silber<u>ner</u>, schön<u>er</u>, still<u>er</u>; <u>ei</u>le nicht, bl<u>ei</u>b; das G<u>ew</u>ölk <u>w</u>allte nur hin; hell wie <u>L</u>icht aus der <u>L</u>ocke träuft; röth<u>en</u> den T<u>ag</u>, schimm<u>ern</u> die N<u>ac</u>ht. Das hängt auch mit dem Metrum der Verse zusammen, in dem die Hebungen bestimmend sind und den feierlichen Duktus des Gedichts ausmachen. Jede Strophe hat gegen Ende des letzten Verses eine retardierende Doppelhebung: Gew<u>ö</u>lk w<u>a</u>llte; hi<u>nauf</u> r<u>öth</u>lich; T<u>ag</u>, sch<u>im</u>mern. Eine Untersuchung der metrischen Struktur zeigt , dass alle drei Strophen vollkommen gleich geformt sind. Darin folgt der Verfasser den strengen Regeln der Ode bei den Griechen, und auch die Dreistrophigkeit orientierte sich an Pindars Triaden.

Der Mond erscheint am Nachthimmel, wird vom Betrachter wie ein Freund angeredet und entfaltet seine ganze Pracht in der zweiten Strophe; „wenn ihm Thau, hell wie Licht, aus der Locke träuft." Zunächst merkwürdig dann die letzte Strophe, wo es in einem veränderten Gefühlston um die Gräber der verstorbenen Freunde geht; der Schlussvers schafft aber dann in der Erinnerung die Verbindung zur Mitte und zur Überschrift des Gedichts. Wir könnten allerdings einwenden: Ist er, der begeisterte Betrachter, jetzt nicht auch glücklich? Das Schöne erlebte er damals wie heute (siehe Schlussvers). Nur der Grad des Schönen in seiner Empfindung ist ein anderer: schön, schöner, am schönsten. Doch unabhängig von seinem Grad: das Schöne befreit uns, wir beklagen nichts mehr, wir wollen nichts mehr, wir sind glücklich im Anblick des Schönen.

Das Schöne und das Erhabene: das sind die Leitmotive auch in Hölderlins Dichtung, wie wir sie etwa in seiner Ode „Heidelberg" finden. Auch Friedrich Hölderlin (1770–1843) erhielt eine gründliche altsprachliche Ausbildung in den auf das Theologiestudium vorbereitenden Seminaren in Denkendorf und Maulbronn und gehörte zu den begabtesten Schülern des klassischen Griechisch. Schon früh versuchte er Nachbildungen der Oden in der deutschen Muttersprache. Heidelberg, die alte Stadt am Unterlauf des Neckars, sah er zum ersten Mal als Achtzehnjähriger, und auf seinen späteren Wanderungen und Reisen kam er immer wieder einmal dort vorbei. Das Gedicht in seiner endgültigen Fassung entstand im Sommer 1800 in Hölderlins fruchtbarster Schaffensperiode und lautet:

Lange lieb' ich dich schon, möchte dich, mir
[zur Lust,
Mutter nennen, und dir schenken ein kunst-
[los Lied,
Du, der Vaterlandsstädte
Ländlichschönste, so viel ich sah.

Wie der Vogel des Walds über die Gipfel fliegt,
Schwingt sich über den Strom, wo er vorbei
[dir glänzt,
Leicht und kräftig die Brücke,
Die von Wagen und Menschen tönt.

Wie von Göttern gesandt, fesselt' ein Zauber
[einst
Auf die Brücke mich an, da ich vorüber ging,
Und herein in die Berge
Mir die reizende Ferne schien,

Und der Jüngling, der Strom, fort in die Ebne
[zog,
Traurigfroh, wie das Herz, wenn es, sich
[selbst zu schön,
Liebend unterzugehen,
In die Fluten der Zeit sich wirft.

Quellen hattest du ihm, hattest dem Flüchtigen
Kühle Schatten geschenkt, und die Gestade
[sahn
All' ihm nach, und es bebte
Auf den Wellen ihr lieblich Bild

Aber schwer in das Tal hing die gigantische,
Schicksalskundige Burg nieder bis auf den
[Grund,
Von den Wettern zerrissen,
Doch die ewige Sonne goß

Ihr verjüngendes Licht über das alternde
Riesenbild, und umher grünte lebendiger
Efeu, freundliche Wälder
Rauschten über die Burg herab

Sträuche blühten herab, bis wo im heitern Tal,
An den Hügel gelehnt, oder dem Ufer hold,
Deine fröhlichen Gassen
Unter duftenden Gärten ruhn.

Alles scheint hier zusammenzukommen: schöne Anschauung, klare Gliederung des Ganzen, eindrucksvoller Vers- und Strophenbau. Wenden wir uns zunächst dem Letzteren zu: Es handelt sich um eine sogenannte asklepiadeische Ode, so genannt nach der Erfindung des altgriechischen Dichters Asklepiades, dessen Muster Hölderlin genau folgt. Die Verse beginnen mit einer Hebung (Betonung) und anschließender Einfachsenkung (¯˘, Trochäus), was sich in fast jedem Halbvers der beiden ersten Verse dreimal wiederholt; die bestimmt den fallenden Rhythmus, wie er sich für eine lyrisch gestimmte Betrachtung anbietet (wo es, wie in anderen Oden Hölderlins, stärker um Bewegung geht, bevorzugte er die sogenannte alkäische Ode, in welcher der Jambus mit der Folge von Senkung und Hebung (˘¯) herrscht).

Um eine Monotonie der Strophe zu vermeiden, ist ihr zweiter Teil (Verse drei und vier) anders aufgebaut: Der dritte Vers ist mit drei trochäischen Hebungen nur etwa halb so lang, aber durch einen fließenden Übergang (Enjambement) mit dem Schlussvers verbunden; dieser bekam vier Hebungen, wodurch die Strophe kräftig abschließt.

Wir mussten beim Vers- und Strophenbau ins Detail gehen, weil so sichtbar wird, wie wenig spontan der Dichter schrieb und wie er trotzdem – oder vielleicht gerade deshalb – in Verbindung mit den Aussagen eine starke Wirkung erreichte. Betrachten wir sie als ein Ganzes, so stellen wir nicht Gegensätze, sondern ein freundliches Gegenüber fast durchgehend fest, ein Zusammengehen und Sich-Ergänzen, von „Bergen und reizender Ferne“ (Strophe drei), von Strom mit Brücke und Burg, von dem „Flüchtigen“ und den „Gestaden“, die ihm nachsehen (Strophe fünf), von der „von Wettern zerrissenen Burg“ und der „ewigen Sonne“ (Strophe sechs). Ich bin geneigt, dies als eine Wesensbestimmung des Schönen zu sehen (oder des Menschlichen). Einen Hinweis darauf könnte die letzte Strophe als Höhepunkt der Ode geben. Da wird personifizierend von den „fröhlichen Gassen“ der Menschen gesungen, die „an den Hügel gelehnt oder dem Ufer hold“ oder harmonisch mit beiden ihre *Ruhe* finden (betontes letztes Wort des Gedichts, verstärkt durch die u-Alliterationen der letzten Strophe).

Goethes Lyrik

Die Lyrik Goethes ist vielfältiger als die jedes anderen deutschen Dichters. Sie wurde von Gebildeten und einfachen Leuten, von Alten und Jungen geschätzt. Viele seiner Gedichte sind in wohlklingenden Reimen verfasst, nicht wenige in simplen Paarreimen. Ihr Vorzug des Reims wird in der berühmten Begegnung Helenas, der Griechin, mit Faust beleuchtet, wo sie fragt:

„So sage denn, wie sprech ich auch so schön?“

und Faust antwortet

„Das ist gar leicht, es muß von Herzen gehen.“

Prüfen wir dies an vier Gedichten Goethes, die in den verschiedenen Phasen seines Lebens (1749–1832) entstanden sind, und beginnen wir mit seinem Mailied, das in seiner frühesten Fassung von 1771 noch „Maifest“ heißt:

Wie herrlich leuchtet
Mir die Natur!
Wie glänzt die Sonne!
Wie lacht die Flur!

Es dringen Blüten
Aus jedem Zweig,
Und tausend Stimmen
Aus dem Gesträuch,

Und Freud und Wonne
Aus jeder Brust.
O Erd, o Sonne
O Glück, o Lust!

O Lieb', o Liebe,
So golden schön,
Wie Morgenwolken
Auf jenen Höhn;

Du segnest herrlich
Das frische Feld –
Im Blütendampfe
Die volle Welt.

O Mädchen, Mädchen,
Wie lieb' ich dich!
Wie blinkt dein Auge!
Wie liebst du mich!

So liebt die Lerche
Gesang und Luft,
Und Morgenblumen
Den Himmelsduft,

Wie ich dich liebe
Mit warmen Blut,
Die du mir Jugend
Und Freud und Muth

Zu neuen Liedern
Und Tänzen giebst.
Sey ewig glücklich
Wie du mich liebst!

Was in diesem Jugendgedicht Goethes aufklingt, ist Jubel in einem fort. Wir spüren diesen Jubel in vielen Ausrufen und in den Wellen der Bewegung, die das ganze Gedicht durchziehen. So gehören die zweite bis fünfte Strophe eigentlich zu einem fortlaufenden Satzgebilde. Und eine ähnliche Bewegung durchzieht die letzten vier Strophen mit ihren Zeilen- und Strophensprüngen. Den Eindruck der Bewegtheit erhalten wir auch durch die sehr kurzen, nur zweihebigen Verse, in denen die Aussage ständig über den Vers hinausdrängt, zumal sich jeweils nur die zweite und vierte Verszeile einer Strophe reimen.

Wichtig ist auch die Art der Bewegung. Es ist eine Art von Wechselbewegung zwischen den Eindrücken der äußeren Natur und der sich äußernden Bewegung des lyrischen Ich, besonders in der dritten Strophe:

O Erd, o Sonne,
O Glück, o Lust.

Aber auch umgekehrt: Wenn auf die Liebe zu dem Mädchen in der anschließenden Strophe die Liebe der Lerche zu Gesang und Luft folgt – und wieder zurück: „wie ich dich liebe | mit warmem Blut."

Man hat eine solche Art von Lyrik auch Erlebnislyrik genannt, entstanden aus einem starken Erleben und den damit einhergehenden Gefühlen, wie Goethe dies als Student in seiner Straßburger Zeit in der Begegnung mit Friederike Brion im nahegelegenen Sesenheim erlebt hat.

Das von mir ausgewählte zweite Gedicht „Nähe des Geliebten" könnte direkt an das vorherige anknüpfen, auch an „Willkommen und Abschied", wenn er am Abend zu Friederike hinausritt und sie dann nach einer herrlichen Sommernacht wieder verlassen musste (sie schließlich für immer verließ). Passen würde es auch zu Lili Schönemann, mit der er kurze Zeit verlobt war, oder zu Charlotte von Stein, als er nach Italien aufbrach, aber auch zu Christiane Vulpius, von der er durch viele dienstliche Reisen und längere Aufenthalte in Jena immer wieder getrennt war.

Ich denke dein, wenn mir der Sonne Schimmer
Vom Meere strahlt,
Ich denke dein, wenn sich des Mondes
[Flimmer
In Quellen malt.

Ich sehe dich, wenn auf dem fernen Wege
Der Staub sich hebt;
In tiefer Nacht, wenn auf dem schmalen Stege
Der Wandrer bebt.

Ich höre dich, wenn dort mit dumpfem
[Rauschen
Die Welle steigt.
Im stillen Haine geh' ich oft zu lauschen,
Wenn alles schweigt.

Ich bin bei dir; du seist auch noch so ferne,
Du bist mir nah!
Die Sonne sinkt, bald leuchten mir die Sterne,
O wärst du da!

Das zweite Gedicht klingt ganz anders als das erste: verhaltener, stiller; der/die Sprechende bewegt sich ja nicht, ist in Gedanken und darin von starken Gefühlen durchdrungen. Seine/ihre Sehnsucht nach dem Geliebten kommt in wunderbaren Naturbildern zum Ausdruck, wie immer in Goethes Gedichten.

Umso merkwürdiger, dass es gar nicht einem unmittelbaren Erlebnis Goethes entspringt. Wir wissen, dass er Anfang der 90er Jahre auf das Gedicht einer damals bekannten Autorin stieß, das den Titel „Ich denke dein" trug. Was aber Goethe vor allem daran reizte, war etwas Formales: der Wechsel langer Verse mit sehr kurzen; er arbeitete den Inhalt der Vorlage um und verbesserte sie. Daraus entstand das berühmt gewordene Gedicht in vier Strophen mit den wunderbar parallelen und variirenden Eingangsversen „Ich denke dein | Ich sehe dich | Ich höre dich", dem gesteigerten „Ich bin bei dir" und der Schlusszeile „O wärst du da". Kein Gedicht Goethes wurde so oft vertont wie „Nähe des Geliebten"; 1799 von Ludwig van Beethoven.

Erinnert unser drittes Beispiel nicht an ein Volkslied, wie ich sie im zweiten Kapitel besprochen habe? Goethe hatte als Dichter über Deutschland hinaus Berühmtheit erlangt. Und nun dieses Liedchen, fast kindlich schlicht!

Ich ging im Walde
So für mich hin,
Und nichts zu suchen,
Das war mein Sinn

Im Schatten sah ich
Ein Blümchen stehn,
Wie Sterne leuchtend,
Wie Äuglein schön

Ich wollt es brechen,
Da sagt' es fein;
Soll ich zum Welken
Gebrochen sein?

Ich grub's mit allen
Den Würzlein aus,
Zum Garten trug ich's
Am hübschen Haus.

Und pflanzt' es wieder
Am stillen Ort;
Nun zweigt es immer
Und blüht so fort.

Sofort fällt uns dabei ein, wie der junge Goethe auf Herders Geheiß Volkslieder im Elsaß suchte und sein „Heideröslein“ schrieb, wo es in der dritten Strophe heißt:

> Und der wilde Knabe brach
> s' Röslein auf der Heiden
> Röslein wehrte sich und stach …
> mußt' es eben leiden

Nun aber gräbt er – und es ist wirklich Goethe – das Blümchen vorsichtig aus und pflanzt es in seinem Garten. Was wollte er damit sagen?

Sein Brief vom 26. August 1813 an seine Frau Christiane erinnert an ihr erstes Zusammentreffen vor 25 Jahren, als er sich, aus Italien zurückgekehrt, in die 23-jährige einfache, aber natürlich-beherzte Blumenarbeiterin verliebte und sie gegen die bürgerliche Etikette in sein Haus nahm. Volkslied und fein gesponnene Allegorie!

Das letzte unserer vier Gedichtbeispiele „Dem aufgehenden Vollmonde“ hat Goethe mit Ort und Datum der Entstehung versehen: Dornburg, 25. August 1828 – ein Altersgedicht also. Sein Landesherr und lebenslanger Gönner, Herzog Karl August, war vor kurzem gestorben und Goethe hatte sich auf einen von Karl Augusts Landsitzen, das Schlösschen Dornburg hoch über dem Saaletal zurückgezogen. Von dort oben sah er in einer hellen Nacht auf die herrliche Landschaft und den gewölbten prächtigen Sternenhimmel hinaus. Gerade war der Mond aufgegangen.

Willst du mich sogleich verlassen?
Warst im Augenblick so nah!
Dich umfinstern Wolkenmassen,
Und nun bist du gar nicht da.

Doch du fühlst, wie ich betrübt bin,
Blitzt dein Rand herauf als Stern!
Zeugest mir, daß ich geliebt bin,
Sei das Liebchen noch so fern.

So hinan denn! hell und heller,
Reiner Bahn, in voller Pracht!
Schlägt mein Herz auch schmerzlich schneller,
Überselig ist die Nacht!

Ein schönes Naturgedicht, ganz konventionell in vierhebigen Kreuzreimversen; aber nicht nur, wie der dritte und vierte Vers der zweiten Strophe zeigen: die alte Goethesche Verbindung von Natur und geliebter Frau scheint auch hier wieder auf: Er schickte das Gedicht in seiner Handschrift kurz darauf an Marianne Willemer, die vergötterte Bankiersfrau in Frankfurt.

Goethe kannte natürlich Klopstocks „Willkommen, silberner Mond", das ich besprochen habe. Sicher gestand er sich ein, dass jenes Gedicht lyrisch das vollkommenere war, zumindest wie Klopstock die überaus schöne Erinnerung des Mondes darstellte. Damit komme ich zu dem Versuch einer Einschätzung der Goetheschen Lyrik, was die dichterische Form angeht. Vielleicht abgesehen von seinen Sturm-und-Drang-Hymnen hält sich der Dichter an vorgegebene Muster. Schon Herder erkannte das, als er von Goethes „spechtischem Wesen" sprach: Er holte alles aus der Tradition heraus, was ihm für seine Gedichte passend schien. Oft gelang es ihm auf geniale Weise. Aber er war kein Neuerer in der Formgebung.

Lyrik der Romantik

Können wir in der Zeit der Romantik (1800–1830) von einem neuen Stil, einer neuen Form des lyrischen Gedichts sprechen? Auf den ersten Blick sieht es nicht danach aus. Vieles klingt volksliedhaft-traditionell; verherrlicht wird „die alte schöne Zeit“ (Eichendorff); es tauchen wieder Burgen, Ritter und verfallene Schlösser auf, wie auch in den Sagen, die damals eifrig gesammelt wurden. Gedichtformen und Reimarten wurden größtenteils beibehalten. Wie jedoch einzelne Beispiele bedeutender Lyriker wie Clemens Brentano (1778–1842) und Joseph von Eichendorff (1788–1857) zeigen, fallen auch neue Stilzüge in ihren Gedichten auf, die formgeschichtlich interessant sind.

Betrachten wir als erstes Brentanos „Abendständchen“:

> Hör, es klagt die Flöte wieder,
> Und die kühlen Brunnen rauschen.
> Golden weh'n die Töne nieder –
> Stille, stille, laß uns lauschen!

Holdes Bitten, mild Verlangen,
Wie es süß zum Herzen spricht!
Durch die Nacht, die mich umfangen,
Blickt zu mir der Töne Licht.

Ganz im Mittelpunkt stehen die „Töne“ einer Flöte, ihre klagende Melodie und was aus ihr spricht: „Holdes Bitten, mild Verlangen“. Der Standort des Hörenden tritt dagegen ganz zurück (vielleicht in einer alten schönen Stadt, bei ihren rauschenden Brunnen (Töne!)).

Von welcher ausschließlichen Wichtigkeit diese gefühlvollen Töne sind, wird auch an einer stilistischen Eigenart deutlich, die in der Romantik auftritt; in unserem Gedicht gleich zweimal: „golden wehn die Töne nieder“ (Strophe eins), und am Schluss der zweiten Strophe: „blickt zu mir der Töne Licht“. Wie können Töne golden wehen, und seit wann strahlen Töne Licht aus? Die Poetik hat diese ungewöhnlichen Stilzüge Synästhesie genannt; wörtlich genommen heißt dies: der Hörende nimmt zur gleichen Zeit zwei verschiedene Sinnesempfindungen aus derselben Quelle wahr, wobei man sagen könnte, die eine von ihnen („golden“ und „Licht“) verstärkt die andere metaphorisch; aber es bleibt der utopische Widerstreit zwischen beiden.

Nehmen wir nun Eichendorffs Gedicht „Frische Fahrt“ hinzu, mit dem der Manesse-Verlag seine Auswahl von Eichendorff-Gedichten einleitet:

Laue Luft kommt blau geflossen,
Frühling, Frühling soll es sein!
Waldwärts Hörnerklang geschossen,
Mut'ger Augen lichter Schein;
Und das Wirren bunt und bunter
Wird ein magisch wilder Fluß,
In die schöne Welt hinunter
Lockt dich dieses Stromes Gruß.

Und ich mag mich nicht bewahren!
Weit von euch treibt mich der Wind,
Auf dem Strome will ich fahren,
Von dem Glanze selig blind!
Tausend Stimmen lockend schlagen,
Hoch Aurora flammend weht,
Fahre zu! ich mag nicht fragen,
Wo die Fahrt zu Ende geht!

Hier kann man alles in einer einzigen Empfindung des lyrischen Ichs zusammenfassen: wie es den wohl ersten Frühlingstag für sich empfindet. Offenbar kommt es gar nicht auf die Beschreibung der Objekte seiner Umgebung an; statt ihrer stehen die Sinneseindrücke des lyrischen Ichs: „waldwärts Hörnerklang geschossen“, „mutger Augen lichter

Schein“, „von dem Glanze selig blind“, „tausend Stimmen lockend schlagen“,„hoch Aurora flammend weht“. Lateinisch Aurora: Morgenröte; die Wendung, dass sie „weht“, wäre wieder eine Synästhesie, wie am Anfang „Luft kommt blau geflossen“; aber auch alle anderen eng aufeinander folgenden verschiedenen Sinneseindrücke sind Synästhesien light: auf Hörbares (Hörnerklang) folgt Sichtbares (zweimal); in der zweiten Strophe zuerst Sichtbares (Glanz), dann Hörbares, dann Sichtbares und Spürbares (weht). Die Wirkung auf das lyrische Ich beschreibt am besten das Wörtchen „Wirren“ in der ersten Strophe. Dieses wird aber nicht als etwas Beängstigendes, sondern Beseeligendes empfunden; auch das moralisch Fragwürdige („Ich mag mich nicht bewahren“) wird darin eingeschlossen.

Fritz Martini bestätigt im Romantikkapitel seiner Deutschen Literaturgeschichte meine Interpretation, wenn er feststellt, dass die „Grenzen und Gesetze der gegenständlichen Erfahrung aufgehoben werden“; aufgehoben dadurch, dass an ihre Stelle Sinneswahrnehmungen des lyrischen Ichs treten und diese durch synästhetische Effekte verstärkt werden. Martini spricht auch, wie ähnlich Friedrich Schlegel, einem frühen Deuter aus der Frühromantik, von einer „Neigung zum Chaos“, das aber eine „schöpferische Bereicherung“ bedeuten könne. Damit sind wir bei der Frage nach einer neuen schöpferischen Form.

Nehmen wir an, die Sinneseindrücke des lyrischen Ichs würden durch etwas aufgehoben, was weder Objekte eines Subjekts noch seine Sinneswahrnehmungen wären, so kämen wir zu abstrakten Größen, für die es auch kein Subjekt mehr gibt. Ihre Form wäre das mathematische Spiel mit Worten, die wie Spielsteine wären, welche nach ästhetischen Regeln auf vielfältige Weise miteinander kombiniert werden können.

Die romantische Lyrik zeigt einen solchen Weg auf, den man auch als l’art pour l’art bezeichnet.

Lyrik des poetischen Realismus

Mit der Annahme einer möglichen formgeschichtlichen Weiterentwicklung der romantischen Lyrik zur abstrakten Lyrik der Moderne sind wir der Zeit vorausgeeilt. Wir müssen uns zunächst einmal im 19. Jahrhundert umsehen.

Es war literarisch überwiegend die Zeit der erzählenden Dichtung, doch ragen zwei Lyriker hervor, deren Gedichte zu den schönsten der deutschen Literatur gehören. Es sind Eduard Mörike (1804–1875) und Rainer Maria Rilke (1875–1926) am Ende des 19. und zu Beginn des 20. Jahrhunderts. Wodurch gehören sie zusammen?

Ich beginne mit einem kurzen, sehr bekannten Gedicht Mörikes mit dem Titel „Septembermorgen“:

Im Nebel ruhet noch die Welt,
Noch träumen Wald und Wicsen:
Bald siehst du, wenn der Schleier fällt,
Den blauen Himmel unverstellt,
Herbstkräftig die gedämpfte Welt
In warmem Golde fließen

Mörike, der als schwäbischer Theologe eine Zeitlang auf ländlichen Pfarreien lebte und wirkte, am längsten in Cleversulzbach im Hohenloher Land, hatte täglich die schöne Landschaft in den verschiedenen Jahreszeiten vor Augen und beschrieb sie treffend, aber in jedem Vers völlig durchdrungen von den Empfindungen und Erwartungen des Dichters. Worte wie „ruhet", „träumen", „Schleier", „herbstkräftig" und „in warmem Golde" lassen uns dies spüren.

Verslich kommt es vor allem in dem die Aussage wunderbar dehnenden dreifachen Endreim „fällt, unverstellt, Welt" zum Ausdruck.

Wie sollen wir diese Form charakterisieren? Der gewählte Epochenbegriff Poetischer Realismus passt jedenfalls sehr gut.

Interessant ist auch ein anderes kurzes Gedicht Mörikes aus dem musealen Bereich: „Auf eine Lampe", in antikisch klingenden sechshebigen reimlosen Versen:

Noch unverrückt, o schöne Lampe, schmückest du,
An leichten Ketten zierlich aufgehangen hier,
Die Decke des nun fast vergeßnen Lustgemachs.
Auf deiner weißen Marmorschale, deren Rand
Der Efeukranz von goldengrünem Erz umflicht,
Schlingt fröhlich eine Kinderschar den Ringel-
[reih'n.
Wie reizend alles! lachend, und ein sanfter Geist
Des Ernstes doch ergossen um die ganze Form –
Ein Kunstgebild' der echten Art. Wer achtet sein?
Was aber schön ist, selig scheint es in ihm selbst.

Die Doppeldeutigkeit des Wörtchens „scheint" hat einst einen Streit zwischen zwei bekannten Literaturwissenschaftlern ausgelöst: Bezieht sich „scheint" nun auf die schöne Lampe, gehört also in den geschilderten objektiven Bereich? Oder meint „scheint" so viel wie „anscheinend" und bezieht sich auf das Subjekt des Betrachters und des Dichters. Wo aber ist der Sitz der Schönheit? Die kaum zu beantwortende Streitfrage ist für mich jedenfalls ein indirekter Beweis für zu Zugehörigkeit des Gedichts zum Poetischen Realismus.

Kommen wir nun zu Rainer Maria Rilke und warum ich ihn ganz gegen die literaturgeschichtliche Einordnung auch als Vertreter des Poetischen Realismus betrachte. Dies würde allerdings nur für

Rilkes mittlere Schaffensperiode gelten, die Zeit kurz nach der Jahrhundertwende, in welcher er seine Neuen Gedichte schrieb. Rilke selbst hat sie als Ding-Gedichte bezeichnet und sie damit von den ebenfalls berühmten frühen Gedichten des „Stundenbuchs" unterschieden. Während diese um Gott kreisen, ihn uns in einer Fülle von Metaphern nahezubringen suchen, etwa in dem „Du bist der Dinge tiefster Inbegriff | der seines Wesens letztes Wort verschweigt", geht es Rilke in den Neuen Gedichten um die Dinge selbst. Angeregt dazu wurde er vor allem durch den französischen Bildhauer Auguste Rodin in Paris, für den er eine Zeitlang als Privatsekretär arbeitete und dessen Skulpturen er bewunderte und genau studierte. Und genau so genau und schön sollten die von ihm besungenen Dinge werden.

Dinge: das war Gegenständliches, ob es nun Hortensien oder Gazellen waren, Götterstatuen oder Heilige, er beschrieb sie so treffend wie Mörike seinen Septembermorgen. Als bekanntes Beispiel diene das dreistrophige Gedicht „Der Panther"

Sein Blick ist vom Vorübergehn der Stäbe
so müd geworden, daß er nichts mehr hält.
Ihm ist, als ob es tausend Stäbe gäbe
und hinter tausend Stäben keine Welt.

Der weiche Gang geschmeidig starker Schritte,
der sich im allerkleinsten Kreise dreht,
ist wie ein Tanz von Kraft um eine Mitte,
in der betäubt ein großer Wille steht.

Nur manchmal schiebt der Vorhang der Pupille
sich lautlos auf –. Dann geht ein Bild hinein,
geht durch der Glieder angespannte Stille –
und hört im Herzen auf zu sein.

Ein Panther hinter Gittern, von Zoobesuchern fasziniert beobachtet, seinen Gang, seinen müden Blick, und gleichzeitig versetzen sie sich in das Tier hinein, sie fühlen mit ihm, als wären sie es selbst – wieder das Ineinander von Objekt und Subjekt!

Nehmen wir noch das Sonett „Archaischer Torso Apollos" dazu:

Wir kannten nicht sein unerhörtes Haupt,
darin die Augenäpfel reiften. Aber
sein Torso glüht noch wie ein Kandelaber,
in dem sein Schauen, nur zurückgeschraubt,

sich hält und glänzt. Sonst könnte nicht der
[Bug
der Brust dich blenden, und im leisen Drehen
der Lenden könnte nicht ein Lächeln gehen
zu jener Mitte, die die Zeugung trug.

Sonst stünde dieser Stein entstellt und kurz
unter der Schultern durchsichtigem Sturz
und flimmerte nicht so wie Raubtierfelle;

und bräche nicht aus allen seinen Rändern
aus wie ein Stern: denn da ist keine Stelle,
die dich nicht sieht. Du mußt dein Leben
[ändern.

Welch eine begeisternde Beschreibung eines Torsos! Auch seine fehlenden Teile sind einbezogen! Das Vorstellungsvermögen des Betrachters, sein Sich-hinein-Versetzen ist ständig mit dabei. Und zuletzt, in dichtester Objekt-Subjekt-Beziehung, die gezielte Wirkung auf den Schauenden: „Du mußt dein Leben ändern."

Das lyrische Gedicht in der Gegenwart

Realismus, das wäre eine Bezeichnung für die Geisteshaltung der heutigen Zeit. Dazu gehört Nüchternheit. Ist Lyrisch-Schönes in der Literatur noch gefragt? Es wird viel geschrieben und veröffentlicht; das Poetische kommt vor, aber das Prosaische beherrscht die Szene. Es gibt noch Gedichte, freilich oft mit anderen Themen, man denke etwa an Brechts großartige gesellschaftskritische Lyrik. Die jahrhundertelang gepflegten Formen: Verse, Reime, Strophen sind „out". Was trat in lyrischen Gedichten an ihre Stelle? Man muss ihre führenden Vertreter danach befragen.

Ich gehe wieder exemplarisch vor und greife zu der Lyrik von Reiner Kunze und Rose Ausländer. Es sind Poeten der Sätze, wie ich es nennen würde. Was ist damit gemeint?

Sätze gehören in den meisten Fällen zur Prosa. Sie werden aneinandergereiht, um einen Inhalt wiederzugeben. Ein Satz besteht aus Satzteilen. Subjekt und Prädikat (oft mit Objekt) sind seine Kernbestandteile; Attribute und Adverbialien verfeinern seine Aussagen, ebenso eventuelle Nebensätze.

Wenn im Folgenden von der Poesie der Sätze die Rede ist, so will das besagen, dass die Sätze nicht bloß ihrem Inhalt, sondern auch einem weiteren Zusammenhang unterliegen, nämlich ihrer schönen Gestalt. Offenbar ist das die neue Struktur, in welcher unsere Lyriker ihre Gedichte schreiben.

Beginnen wir mit Reiner Kunze (1933–2019) in „Die Regenwolken zogen ab“:

> Der himmel läßt im wasser farbe,
> und der teich
> steht wie benommen von blau
>
> Der nußbaum,
> der große grüne hund, schüttelt
> sein nasses fell

Drei Subjekte kommen in dem Gedicht vor, alle kleingeschrieben: der Himmel, der Teich und der Nußbaum; das erste bildet einen ganzen Satz, das zweite steht für sich und macht die Zeile kurz; eine lange Satzergänzung bildet die letzte Zeile des ersten Teils.

Im ebenfalls dreizeiligen zweiten Teil ist es gerade umgekehrt: das Subjekt in der ersten Zeile steht für sich; seine Apposition mit zwei Adjektivattributen und das Prädikat ergeben die lange zweite Zeile, worauf in der letzten kurzen Zeile das zugehörige Objekt mit seinem Adjektivattribut schließt. Die Gedichtform ist also lang – kurz – lang in Teil eins und kurz – lang – kurz in Teil zwei: sie gehört zum ästhetischen Bau des Gedichts. Doch wird das Schöne auch inhaltlich bestimmt durch die Personifikationen von Himmel und Teich, die sich spiegeln, und die des Nussbaums im zweiten Teil, also durch Tropen und Figuren der klassischen poetischen Rhetorik.

Das zweite Gedicht Kunzes ohne Überschrift lautet:

> Mit weißem brustschild
> Stellt dich die wasseramsel
>
> Du ergibst dich
>
> Bedingungslos
>
> Noch das
> läßt sie fliehen

Nach dem Gesagten brauche ich den Bau des Gedichts nicht mehr zu analysieren, er folgt der gleichen Struktur wie im ersten Gedicht, und auch das inhaltliche Gegenüber von Wasseramsel und dem beobachtenden Du (Antonyme) gehört zu einer Ästhetik: der Vogel kommt je zweizeilig am Anfang und Schluss des Gedichts, das Du sehr kurz im zweiteiligen Mittelteil vor.

Rose Ausländer (1901–1988) – auf das muss im Blick auf die folgenden Gedichte eingegangen werden – fand nach vielen Stationen 1972 im jüdischen Heim in Düsseldorf ihre letzte Zuflucht. Sechs Jahre später wurde sie bettlägerig und blieb bis zu ihrem Tod zehn Jahre lang an Zimmer und Bett gefesselt. Aus jener Zeit stammen ihre schönsten Gedichte. Eine Gedichtsammlung des Fischer-Verlags trägt den Titel „Brief aus Rosen“, aus ihrem gleichnamigen Gedicht:

Brief aus Rosen
ihr Duft
umarmt
meinen Atem

Brief aus Astern
herbstbuntes
Ade

Unheimlich viel steckt in diesem sehr kurzen Gedicht, das nur noch im ersten Teil aus einem ganzen Satz besteht. „Brief aus Rosen“ – „Brief aus Astern“: der Parallelismus des Anfangs der beiden Teile beinhaltet äußerst verknappte Metaphern, vielleicht für Blumen, die ihr Freunde von außerhalb geschickt hatten (Briefe!), vielleicht standen sie am Fenster, das sicher auf einen schönen Garten hinausging. Während die Rosen ja den ganzen Sommer blühen, verabschieden die Astern die schöne Jahreszeit, metaphorisch vielleicht das Leben der Kranken: „Ade“, einziges Wort der letzten Zeile des Gedichts.

Die gleiche Situation haben wir in dem ebenso kurzen Gedicht „Am Fenster“:

Pappelwipfel
im Blick

Ausgestreckte Hand
mein
Rückzug ins Nichts

Überhaupt keine Sätze mehr: Aussagen ohne Prädikate, von den Fachleuten Ellipsen genannt. Aber von einer geballten Kraft des Gefühls: vom Blick und von der ausgestreckten Hand nach Natur und

Leben bis zum Rückzug in die „Matratzengruft" (Heinrich Heine) und den Tod (Nichts).

Und noch ein letztes Gedicht in ähnlicher Situation

Zauberzeichen
aus dem
erhabenen Sternenreich

Kommen
Worte
so
weine ich

vor Freude
daß ich
singen darf

(Unwichtige Worte dagegen werden in unwichtige Zeilen verbannt!)

Lyrik der Moderne. Ist das nun ihre letzte Form? In dem Abschnitt zur Romantik habe ich auf eine mögliche abstrakte Lyrik hingewiesen, die mit Worten spielt, ohne an einen inhaltlichen Zusammenhang gebunden zu sein. Die Ästhetik hält Regeln dafür bereit. Doch solche abstrakte Lyrik ist nicht jedermanns Sache.

Literatur (Auswahl)

Goethe, Johann Wolfgang
Dichtung und Wahrheit

Eckermann, Johann Peter
Gespräche mit Goethe

Schiller, Friedrich
Über die ästhetische Erziehung des Menschen

Korff, H.A.
Geist der Goethezeit

Staiger, Emil
Grundbegriffe der Poetik

Wilpert, Gero
Sachwörterbuch der Literatur

Kayser, Wolfgang
Kleine deutsche Versschule

Lausberg, Heinrich
Elemente der literarischen Rhetorik

Martini, Fritz
Deutsche Literaturgeschichte

Böckmann, Paul
Formgeschichte der deutschen Dichtung

Blocher, Friedrich
Schillers „Wallenstein" als dramatisches Gedicht
Ein Beitrag zur Untersuchung der dichterischen Sprache

Ders.
Kunst der Prägnanz
Beispiele deutscher Prosa im 20. Jahrhundert

Aus unserem Verlagsprogramm:

Friedrich Blocher
Hölderlin
Seine Wahrheiten und die Dichtung
Hamburg 2020 / 116 Seiten / ISBN 978-3-339-11914-8

Friedrich Blocher
Der Dichtung Schleier aus der Hand der Wahrheit – Studien zu Goethe und Schiller
Hamburg 2020 / 86 Seiten / ISBN 978-3-339-11752-6

Friedrich Blocher
Gewalt und Gerechtigkeit
Historische Miniaturen
Hamburg 2018 / 122 Seiten / ISBN 978-3-339-10070-2

Friedrich Blocher
Deutsche Erzählungen des 19. Jahrhunderts
Ihre Wahrheit und Schönheit
Hamburg 2017 / 138 Seiten / ISBN 978-3-8300-9645-0

Friedrich Blocher
Bertolt Brechts Humor
in seinen Stücken zwischen 1938 und 1944
Hamburg 2017 / 104 Seiten / ISBN 978-3-8300-9324-4

Friedrich Blocher
Kunst der Prägnanz – Beispiele deutscher Prosa im 20. Jahrhundert
Hamburg 2015 / 104 Seiten / ISBN 978-3-8300-8785-4

Friedrich Blocher
World History and the Belief in God
Hamburg 2010 / 122 Seiten / ISBN 978-3-8300-5177-0

Friedrich Blocher
Weltgeschichtliche Epochen und die Frage nach Gott
2., überarbeitete Auflage
Hamburg 2007 / 160 Seiten / ISBN 978-3-8300-0139-3

VERLAG DR. KOVAČ
FACHVERLAG FÜR WISSENSCHAFTLICHE LITERATUR
Postfach 57 01 42 · 22770 Hamburg · www.verlagdrkovac.de · info@verlagdrkovac.de